교수취임 연설문

Rede zum Antritt des philosophischen Lehramtes an der Universität

책세상문고·고전의 세계

교수취임 연설문

REDE ZUM ANTRITT DES PHILOSOPHISCHEN LEHRAMTES AN DER UNIVERSITÄT

G. W. F. 헤겔 지음

·

서정혁 옮김

책세상

일러두기

1. 이 책은 헤겔Georg Wilhelm Friedrich Hegel의 〈하이델베르크 대학 교수취임 연설문Rede zum Antritt des philosophischen Lehramtes an der Universität Heidelberg〉과 〈베를린 대학 교수취임 연설문Rede zum Antritt des philosophischen Lehramtes an der Universität Berlin〉을 완역한 것이다.

2. 대본은 호프마이스터Johannes Hoffmeister가 편집한 헤겔의 《철학사 강의Vorlesungen über die Geschichte der Philosophie》 중 제1권의 서론[Bd. 1, Einleitung: System und Geschichte der Philosophie(Leibzig, 1944)]과 《베를린 저작들(1818~1831) Berliner Schriften 1818~1831》(Hamburg, 1956), 그리고 펠릭스 마이너 출판사Felix Meiner Verlag에서 간행하고 있는 학술원판 《헤겔 전집G. W. F. Hegel: Gesammelte Werke》 중, 예슈케Walter Jaeschke가 편집한 제18권 《강의 원고들 II(1816~1831) Vorlesungsmanuskripte II. 1816~1831》(Hamburg, 1995)를 참고했다.

3. [ ] 안의 숫자는 펠릭스 마이너 출판사 판본 쪽수이다.

4. 인용 시 헤겔의 주요 저작들은 약어를 사용했다. 이 책에서 인용된 약호는 다음과 같으며, 전집의 경우 약호 뒤에 권수와 쪽수를 표기했다.

   GW: 《헤겔 전집Gesammelte Werke》 in Verbindung mit der Deutschen Forschungsgemeinschaft, (hrsg.) von der Reinische-Westfälischen Akademie der Wissenschaften(Hamburg, 1968ff)

   TW: 《20권으로 된 헤겔 전집Theorie Werkausgabe in zwanzig Bänden》, (hrsg.) Redaktion von Eva Moldenhauer·Karl Markus Michel(Frankfurt a. M., 1969ff)

   PhG: 《정신현상학Phänomenologie des Geistes》 in GW 9, (hrsg.) von Wolfgang Bonsiepen·Reinhard Heede(Hamburg, 1980)

   BH: 《헤겔이 주고받은 서간집Briefe von und an Hegel》, Bd. 1~3, (hrsg.) von Johannes Hoffmeister; Bd. 4, (hrsg.) von Friedhelm Nicolin(Hamburg, 1952ff, 1977)

5. 저자의 주는 '(저자주)'로 표시했다. 나머지는 모두 옮긴이 주이다.

교수취임 연설문 | 차례

독일 관념론의 완성자로 평가받는 헤겔Georg Wilhelm Friedrich Hegel은 생전에 여러 도시를 옮겨 다니며 매우 활발하게 학문적 활동을 펼쳤다. 그래서 헤겔의 철학을 시기별로 구분할 때에는 일반적으로 그가 머물렀던 도시의 이름을 기준으로 한다. 짧은 여행 기간을 제외하고 헤겔이 주로 거주했던 도시를 기준으로 헤겔 철학을 구분하면, 초기에 신학교 생활을 했던 '튀빙겐 시기'와 '베른 시기', 그리고 '프랑크푸르트 시기'로 나눌 수 있다. 그리고 그의 철학의 발전에서 중요한 위치를 차지하는 '예나 시기'를 초기 이후의 독립된 시기로 다룬다. 헤겔은 예나 대학에서 셸링Friedrich Wilhelm Joseph Schelling의 소개로 사강사 생활을 한 후, 교육개혁의 선두에 섰던 지기이자 사상가 니트함머Friedrich Immanuel Niethammer[1]의 소개로 밤베르크로 가서 신문 편집자가 되었다가, 다시 그의 주선으로 뉘른베르크로 옮겨 김나지움의 교장직을 맡게된다. 8여 년 후 하이델베르크 대학에서 처음으로 정교수로 초빙을 받게 되며, 거기서 1년 남짓 머물다 1818년에 베를린 대학의 정교수로 초빙되었다. 이처럼 헤겔이 대학 강단에서 정교수로 철학을 가르친 것은 하이델베르크와 베를린 두 곳 뿐이었다. 따라서 교수취임 연설문 역시 두 편만 남아 있다.

그중 하나는 하이델베르크 대학에 취임할 당시 '철학사' 강의 첫 시간에 한 연설문이고, 다른 하나는 베를린 대학에 취임할 당시 '엔치클로페디' 강의 첫 시간에 행한 것이다. 이미 이 두 글은 헤겔 연구자들에 의해 《헤겔 전집》이 간행되던 초기부터 전집에 포함되어 있었고, 기존의 헤겔 연구자들은 이 두 편의 글이 각기 '철학사'와 '엔치클로페디' 강의를 위해 작성되었으므로, 전자를 《철학사 강의 Vorlesungen über die Geschichte der Philosophie》의 서론으로 포함시키기도 했다. 그러나 새롭게 간행되고 있는 펠릭스 마이너 출판사 Felix Meiner Verlag의 학술원판 《헤겔 전집 G. W. F. Hegel: Gesammelte Werke》은 이 두 글을 한데 묶어 18권에 독립된 글로 편집했다. 이로 인해 헤겔의 교수취임 연설문은 예전과는 달리 독자적인 위치를 가지게 되었다.

〈하이델베르크 대학 교수취임 연설문〉은 국내에 번역 출판된 헤겔의 《철학사 I》의 서론 가운데 일부분으로 포함되어 소개된 적이 있다. 그런데 이 책 역시 문헌학적 연구를 전혀 반영하지 않은 채, 헤겔의 교수취임 연설문을 그냥 '철학사 강의'의 일부분에 포함시키고 있다. 그리고 〈베를린 대학 교수취임 연설문〉은 아직 국내에서 번역 소개된 적이 없는 글로서, 헤겔의 기본적인 철학적 문제의식과 더불어 그의 철학 체계 전반의 성격을 요약해놓은 글로 평가받고 있다.

통상적으로 '교수취임 연설' 또는 '교수 취임사'라고 하면 대부분 형식적인 문구로 채워지기 쉽지만, 독일에서는 어떤 학자가 교수에 취임하면서 연설을 할 때에 연설문을 통해 자신이 속한 시대 상황에 대한 나름의 전망과 입장 등을 자신의 학적 연구와 관련시켜 압축적이면서도 심도 있게 피력하는 것이 통례이다. 이 점에서 헤겔이 행한 두 편의 교수취임 연설문도 예외는 아니다.

〈하이델베르크 대학 교수취임 연설문〉은 철학사 강의의 첫 시간에 행해졌기 때문에, 헤겔은 이 글에서 현재 철학이 처한 입장을 우선 개진하면서, '철학의 역사'인 철학사를 '위대한 정신의 보고(寶庫)'로 보며 단순한 우연적 사건들의 열거가 아니라 '정신의 필연적인 전개 과정'으로 꿰뚫어보고 있다. 철학사를 포함하는 헤겔의 역사관을 논할 때 '역사의 종말'이라는 화두를 떠올리기가 쉬운데, 이 연설에서도 우리는 과거와 현재, 그리고 미래를 관통하는 세계정신의 현현으로서 역사를 바라보고 있는 헤겔의 관점을 읽을 수 있다.

〈베를린 대학 교수취임 연설문〉은 헤겔 철학의 체계적 집대성이라고 할 수 있는 《엔치클로페디 *Enzyklopädie der philosophischen Wissenschaften im Grundrisse*》 강의 초두에서 한 연설문이다. 《엔치클로페디》는 국내에 번역되어 있지만, 이 연설문은 아직 소개된 적이 없다. 《엔치클로페디》는 논리학, 자연철학, 정신철학이라는 헤겔의 3단계 철학 구조를 일목요연하게 서술한 저서이기 때문에, 헤겔은 이 연설문에서 《엔치클로페디》의 전반적인 서술 내용과 철학 체계를 염두에 두고 있다. 그래서 이 연설문은 분량은 비교적 짧지만 헤겔의 전체 사상을 개괄하는 데는 무엇보다 좋은 안내서가 될 것이다.

두 편의 교수취임 연설문은 헤겔의 주요 저작, 예를 들어 《정신현상학Phänomenologie des Geistes》이나 《대논리학Wissenschaft der Logik》 등에 비해 양적으로 매우 짧을 뿐만 아니라 비교적 쉽게 쓰였다. 그러나 두 글은 헤겔 철학 전반의 기저에 흐르고 있는 문제 의식을 담고 있다고 보아도 좋을 것이다. 이 두 글은 제각기 '철학사'와 《엔치클로페디》와의 유기적 관련 속에서 쓰였기 때문에 헤겔 철학을 입체적으로 조망할 수 있게 한다. 즉 〈하이델베르크 대학 교수취임 연설문〉으로는 과거와 현재, 미래로 이어지는 통시적인 역사적 흐름의 관점에서 헤겔의 사상을 조망할 수 있고, 〈베를린 대학 교수취임 연설문〉으로는 '논리학, 자연철학, 정신철학'이라는 철학 체계의 공시적인 구조적 관점에서 헤겔 철학을 조망해볼 수 있다. 물론 두 글이 너무 짧기 때문에, 이 글만으로 헤겔 철학 전반을 조망하기 위해서는 상세한 주석과 함께 본문의 내용을 포괄하면서도 그것을 뛰어넘는 좀 더 체계적인 설명이 필요하다.

이 점에서 역자는 가능한 한 이해를 돕는 차원에서 주석을 충분히 달고자 했으며, 상세한 해제를 통해 헤겔 철학을 조망하는 데 도움을 주고자 했다. '철학. 역사와 체계 사이'라는 제목이 붙은 해제는 두 연설문의 특징을 살려 '철학과 역사'의 관계, 그리고 '철학과 체계'의 관계를 규명하는 데 주력했다. 결국 헤겔은 철학을 몸체로, 그리고 역사와 체계를 두 바퀴로 하는 수레를 끌고 나간 철학자라고 평할 수 있겠다.

헤겔 철학에 관심은 있었지만 난해함 때문에 쉽게 접근할 수 없었던 이들도, 주석과 해제의 도움을 받아가며 이 두 글을 읽는다면 헤겔 철학의 핵심을 입체적으로 알기 쉽게 이해할 수 있으리라 기대된다.

끝으로 이 책이 나오기까지 곁에서 묵묵히 일상을 꾸려나간 가족들, 사랑하는 아내 신진영과 멋진 아들 서창현에게 감사의 말을 전하고 싶다. 그리고 여러 가지 면에서 연구에 도움을 주시는 연세대의 윤병태 교수님과 어려움 속에서도 열의를 가지고 고전 번역 사업을 펼쳐나가고 있는 책세상에도 다시 한번 감사의 말씀을 전한다. 마지막으로 이 보잘것없는 번역서를 자랑스러운 부모님께 처음이자 마지막으로 바치고 싶다.

옮긴이 서정혁

제1장

하이델베르크 대학
교수취임 연설문

매우 존경하는 청중 여러분!

[3] 철학사²를 강의의 주재(主材)로 삼아 오늘 이 대학에 처음 발을 들여놓으면서, 제가 이 시점에 대학에서 철학적 이력(履歷)을 쌓게 된 것에 대해 매우 기쁘게 생각하며 만족해하고 있다는 사실을 여러분의 양해를 바라며 서두에 우선 밝혀야 할 것 같습니다. 왜냐하면 철학이 다시 주목받고 사랑을 기대할 수 있는 시점에 다다른 것이 아닌가 하고 생각하기 때문입니다. 또한 현 시점은 거의 침묵하고 있었던 철학이라는 이 학문이 자신의 목소리를 또다시 높이면서, 철학에 무감각해져버린 세상이 다시 철학에 귀를 기울이게 되리라는 희망을 품을 수 있는 시기이기 때문입니다. 시대의 궁핍함으로 인해 사람들은 일상생활의 범속(凡俗)함과 사소한 관심들을 매우 중요하게 생각하고, 현실에 대한 높은 관심과 이를 둘러싼 다툼들은 정신의 모든 능력과 힘, 그리고 외

적 수단을 요구했습니다. 그러나 더 고귀한 내적 삶과 더 순수한 정신성에 대해 감각은 자유롭게 유지될 수 없었던 나머지, 감각의 개선된 본성들은 억압되었고 부분적으로 그런 와중에 희생되고 말았습니다. 세계정신은 현실에 관여하면서 내면으로 방향을 돌릴 수 없었으며 스스로를 자신 속에 [4] 집중시킬 수도 없었기 때문입니다. 그러나 우리가 바라는 것은, 현실의 이러한 여파가 중단되고, 독일 국민이 가장 조야한 상태에서 벗어나 자신들의 국민성과 전 분야에 걸친 생생한 삶의 기초를 구해냈기 때문에, 모든 이해관계들을 내장하고 있는 국가와 더불어 교회도 부각되고, 지금까지 사상(思想)과 각고의 노력들이 관계해온 세계의 왕국과 함께 신의 왕국도 사유하는 것입니다. 달리 말하자면, 정치적인 관심과 일상의 현실에 관련된 여타의 관심들과 함께 순수 학문이나 정신의 자유로운 이성적 세계 역시 번성하리라고3 희망할 수 있을 것 같습니다.4 우리는 철학사에서 학문과 오성Verstand의 도야가 열광적으로 위세를 떨쳤던 유럽의 다른 나라들에서는 철학이 이름을 제외하고는, 심지어는 기억과 예감에서조차 사라져버리고 지워져버리고 만 사실을 보게 될 것이며, 이에 비해 철학이 독일에서는 자기 본연의 성격Eigenthümlichkeit5을 유지해왔다는 사실도 알게 될 것입니다. 우리는 신성한 불heiliges Feuer6의 보호자라고 하는 자연에게서 부여받은 더 고귀한 소명Beruf7을 유지해왔습니다.8 아테네의 에우몰피드가(家)가 엘레우시스 비교(秘敎)[9]를 지켜오고, 사모트라키아[10]의 거주자들이 신에 대한 고귀한 예배 의식을 유지하고 지켜온 것처럼, 그리고 일전에 세계정신이 유대 민족을 [5] 자신의 가장 고귀한 의식을 위해 아껴두었다가 유대 민족으로부터 새로운 정신을 이끌어냈던 것처럼 말입니다. 그러나 제가 이미 언급한 시대의 궁핍함[11]과 거대한 세계사적 사건[12]에 대한 관심으로 인해, 그 영향을 받아 우리도 철학에 대한 철두철미하면서도 진지한 참여를 억제당했고, 철학에 좀 더 보편적인 주의를 기울이지 못했습니다. 그리하여 옹골찬 자연적 소질들이 일상의 실천적인 면에 적용됨으로써, 피상성과 천박함이 철학에서 위대한 말들을 장악하게 되고 확산되었던 것입니다. 독일에서 철학이 시작된 이래로 철학이라는 이 학문이 지금처럼 상황이 나빴던 적은 없었으며, 피상적인 것들 위를 허영과 자만이 헤엄치고 다닌 적도 결코 없었습니다. 그리고 과거에는 지금처럼 허영심이 이렇게 불손한 태도로 마치 학문의 지배권을 지니고 있는 것처럼 생각지도 행동하지도 않았습니다. 이러한 천박함에 반대하면서 독일적인 진지함과 성실성, 옹골참[13]을 함께 형성해나가며, 철학이 도주해버린 고독의 상황으로부터 다시 철학을 소환하기 위해, 우리는 이 시대의 심오한 정신에 혼신을 다 바치자고 기꺼이 주장할 수 있습니다. 여러분께서 우리가 함께 좀 더 아름다운 시대의 여명 Morgenröthe[14]을 맞이할 수 있도록 해주시기 바랍니다. 이보다 더 아름다운 시대에는 지금까지 외부를 향하던 정신이 자신으로 되돌아와 자기 자신에게 이르게 될 수 있으며, 자신에게 고유한 왕국을 위한 자리와 토대를 마련할 수 있고, 일상의 관심보다 정신이 더 고양되고 [6] 진실하며 영원하고 신적인 것을 능히 받아들일 수 있고, 능히 이 최상의 것을 고찰하고 파악할 수 있습니다. 기존의 변혁 시대의 질풍 속에서 성년으로 성숙된 우리 연장자들은, 위축되지 않고 청춘을 진리와 학문에 헌신할 수 있는 이 시기에 여러분의 청춘이 속한다는 점에서 여러분은 행운아라고 생각합니다. 저는 제 삶을 학문에 헌신했으며, 이제 제가 고귀한 학문적 관심의 확장과 소생을 위해 더욱더 확장된 영향권 내에서 협력할 수 있고, 무엇보다 그러한 관심사로 여러분 자신이 입문하는 데 도움을 줄 수 있는 입장에 있다는 것이 기쁩니다. 저는 여러분의 신뢰를 얻고 그 신뢰에 성공적으로 보답할 수 있기를 바랍니다. 그러나 우선 여러분이 무엇보다 학문에 대한 신뢰와 자기 자신에 대한 신뢰를 가지기를 바랍니다. 이것이 진리의 용기[15]이며, 정신이 지닌 위력에 대한 신뢰는 철학의 첫 번째 조건입니다. 인간은 정신이기 때문에, 자기 스스로를 최상의 것에 걸맞게 존경할 필요가 있고 또 존경해야 하며, 자신이 지닌 정신의 위대함과 위력에 대해 아무리 많이 사유하더라도 지나치지가 않습니다. 그리고 이런 신뢰를 가진다면 매우 곤란하고 어려워서 해명하지 못하는 것은 아무것도 없게 될 것입니다. 처음에는 은밀하고 폐쇄되어 있던 삼라만상의 본질은 인식의 용기에 저항할 수 있는 힘을 지니고 있지 않습니다. 인간의 용기 앞에서 그 본질은 해명되고야 말 것이며, 그것의 풍부함과 심오함을 인간의 용기 앞에 드러내게 되고 우리 인간은 그것을 향유하게 되는 것입니다.[16]

[7] 철학사[17]는 고귀한 정신들의 회랑(回廊)[18]을 보여줍니다. 고귀한 정신들은 이성Vernunft의 대담성을 통해 사물과 인간의 본성, 그리고 심지어는 신의 본성에까지 꿰뚫고 들어갔으며, 우리에게 이런 것들의 심오함을 보여주고 최상의 인식의 보고(寶庫)를 마련해주었습니다. 우리 자신이 거기에 부분적으로 참여하고 있는 이 보고가 바로 보편적인 의미에서 철학을 이루는 것입니다. 우리가 이 강의에서 알고 파악하려고 하는 것은, 바로 이 철학사라는 보고의 발생에 관한 것입니다.

우리는 이와 같은 대상 자체에 좀 더 가까이 접근하고 있습니다. 미리 간략하게 상기해보자면, 우리가 아는 철학사에 등장하는 개념들은 너무 빈약하고 피상적이라서, 어떤 편람(便覽)도 기초로 쓰일 수 없습니다. 혼자서 이것저것 자료를 참조하거나 책들의 안내를 받거나 아니면 고대인들의 특수한 상황 등을 고려하는 것 등이 그런 것들입니다.[19]

단순히 이름만 고려하자면, 대다수 민중에게는 학문의 진보에 어떤 공헌도 하지 않은 유명한 스승이 있을 수도 있고, 또 지금까지 사람들이 살아온 기원(紀元)의 연대기에는 많은 이름들이 있습니다.

[8] 우선 일반적으로 철학사를 고찰하는 목적과 필연성, 관점이 있어야 하며, 철학 자체와의 관계가 고려되어야 합니다.

다음과 같은 관점들을 제시할 수 있습니다.

첫째, 철학이 역사를 지닌다는 것이 어떻게 가능한가 하는 것입니다. 철학사의 필연성과 쓸모에 대해 우리는 여러 다른 사람들의 견해를 주목하고 배우게 될 것입니다.

둘째, 형식의 측면이 있습니다. 역사라는 것은 우연한 사건(私見)들의 집합이 아닙니다. 역사는 작은 나룻배나 정기 항로 선박이 아닙니다.[20] 오히려 역사는 최초의 시작에서부터 성숙한 완성 단계에 이르기까지의 필연적인 연관입니다. 그래서 여기에는 다양한 단계들이 있을 수 있고, 이 단계들마다 전체적인 세계 직관이 형성될 수 있습니다. 그러나 역사에서는 세세한 일들은 그렇게 중요치 않습니다.

셋째, 이로부터 철학 자체에 대한 관계가 드러나는 것입니다.

제2장

베를린 대학
교수취임 연설문

청중 여러분![21]

[11] 오늘 제가 국왕 폐하의 은총으로 초빙된 이 대학에 철학 교수라는 직위로 처음 발을 들여놓으면서, 바로 이 시점 이 자리에서 더 폭넓은 학문 활동을 시작하게 된 것을 매우 바람직하고 기쁜 일로 여기고 있음을 서두에서 말할 수 있도록 허락해주시기 바랍니다. 지금 이 시점과 관련해서 보자면, 철학이 다시 주목을 받고 애정을 필요로 하는 상황이 된 것 같습니다. 이 시점은 거의 침묵으로 일관하고 있는 철학이라는 이 학문이 다시 자신의 목청을 높일 수 있는 때입니다. 왜냐하면 얼마 전까지만 해도 한편으로는 일상적인 생활의 사소한 관심에 크게 의미를 두는 것이 바로 시대의 궁핍함이기도 했거니와, 다른 한편으로는 현실의 고귀한 관심들, 즉 [12] 우선적으로 민중의 삶과 국가의 모든 정치적 분야를 다시 회복하고 구제하려는 관심과 각고의 노력이 있었기 때문입니다. 물

론 이러한 관심사들은 정신의 전 능력과 모든 신분들의 역량 그리고 외적 수단을 요구했으므로, 정신의 내적인 삶은 잠시도 안식과 휴식을 취할 수 없었을 뿐만 아니라, 또한 세계정신은 현실에 관여하면서 억지로 외부로 향하게 됨으로써, 자기 내부로 향하고 자기 스스로에게 방향을 되돌려 자신의 고유한 고향에 즐거이 안주해 있을 수가 없었습니다. 이러한 현실의 여파가 가라앉고, 독일 민족과 국민성이 모든 생동적인 삶의 밑바탕을 구제해준 이후에, 그러고 나서 바로 국가 내에서 현실 세계의 통치와 더불어 사상의 자유로운 왕국도 자립적으로 번영하게 되었습니다. 그리고 정신의 위력이 시간 속에서 타당하게 됨으로써, 이제 지탱될 수 있는 것은 바로 이념이자 이념에 적합한 것일 수밖에 없게 되었고, 반드시 타당해야 하는 것은 통찰과 사상 앞에서 정당화될 수밖에 없게 되었습니다. 그리고 현실적인 면과 정치적인 면에서 정신적인 우위를 통해 비중이 높아지고, 외적 수단에서는 그를 능가할 법한 그러한 국가들이 많지만, 이 국가들과 위력과 독립성에 있어서는 대등하게 된 것이 바로 제가 속한 이 독일이라는 국가입니다. 독일에서는 문화와 [13] 학문의 번영이 가장 본질적인 계기들 중 하나라고 할 수 있는데, 특히 국가의 삶에서조차 그러합니다. 따라서 그 중심에 서 있는 베를린 대학에서도 모든 정신적 문화와 학문과 진리의 중심점인 철학이 마땅히 자신의 입지(立地)를 갖추고 장려되어야 하는 것입니다.

그런데 국가의 실존 상황에서 근본 계기를 이루는 것은 비단 정신적인 삶만은 아닙니다. 좀 더 자세히 보자면 독립을 위해 그리고 낯설고 무자비한 전제(專制)를 무력화하기 위해, 그리고 마음속의 자유를 위해 맺은 제후들과의 동맹에서 독일 민족의 위대한 투쟁은 고귀하게 시작되었던 것입니다. 독일 민족의 역량 속에서 감지되며 기치를 더 높이고, 이러한 그들의 감정의 현실을 지배권과 위력으로 타당하게 만든 것은 바로 정신의 인륜적인 힘입니다. 우리 세대가 이러한 감정으로 살고 행동하며 활동했다는 사실을 소중한 것으로 여겨 높이 평가해야만 할 것입니다. 모든 법적인 것, 도덕적인 것, 그리고 종교적인 것이 바로 이러한 감정 속에 농축되어 있습니다. 이렇게 심오하며 포괄적인 작용 속에서 정신은 그 자체로 자신의 위엄을 갖추게 되고, 삶의 진부함과 관심의 천박함은 사라지게 되며, 통찰과 사견(私見)의 피상성은 궁핍하게 존립하다 사라져버리고 맙니다. 마음속에 일게 된 좀 더 심오한 진지함이 [14] 또한 철학의 진정한 토대이기도 합니다. 철학에 대립하는 것은, 한편으로는 정신이 궁핍함과 일상의 관심사에 몰입하는 일이며, 다른 한편으로는 사견들의 공허한 자만Eitelkeit[22] 이기도 합니다. 즉 일상의 관심사나 사견에 사로잡혀 있는 마음은 이성에게 어떤 여지도 주지 않아, 이성은 자기 본연의 것을 찾지 않게 됩니다. 실체적인 내용을 얻으려 애쓰는 일이 인간에게 필수적인 일이 되고, 오직 그러한 실체적인 내용만이 타당할 수 있게 될 정도로 그러한 일이 성공을 거둘 때, 사견이 지닌 자만은 마땅히 무(無)의 상태로 사라져버리기 마련입니다. 그러나 이러한 실체적 내용 속에서 우리는 그 시대를 주시해왔고, 그러한 실체적 내용의 핵심Kern이 또다시 조성되는 것을 보았습니다. 그리고 우리의 소임은 이러한 핵심을 모든 측면들, 즉 정치적이고 인륜적이며 종교적이며 학문적인 모든 측면들에서 앞으로 더욱더 발전시켜나가는 것입니다.

우리의 소명과 소임은 철학적인 발전을 촉진하고, 갱신되고 강화된 실체적인 기초를 다지는 일입니다. [15] 정치적인 현실에서 비슷한 결과와 모습을 드러낸 바 있듯이, 실체적인 기초를 다지는 일은 좀 더 위대한 인륜적이며 종교적인 진지함 속에서, 모든 삶의 관계에서 발생한 옹골참과 철두철미함 Gründlichkeit[23]에 대한 요구 속에서 폭넓게 나타납니다. 옹골찬 진지함은 즉자대자적으로 진리의 진지함이기도 합니다. 그렇기 때문에 정신적 본성을 단순히 감각하며 향유하는 본성과 구별할 필요가 있다는 사실은, 정신이 지닌 심오한 측면이기도 합니다. 또한 그것은 그 자체로 보편적인 요구이며, 한편으로 시대의 진지함은 그러한 요구를 더 깊이 부추기기도 합니다. 그리고 다른 한편으로 그러한 요구는 독일적인 정신이 지닌 좀 더 친밀한 재산이기도 합니다. 철학의 도야Cultur[24]에서 독일인의 우수성과 관련해서 보자면, 다른 민족 편에서 이러한 학문적 연구 상태와 독일이라는 명칭[25]이 지닌 의미가 보여주는 바는, 이 명칭이 다른 민족에게도 남아 있긴 했으나 그 의미가 변했다는 것과, 사태의 본질이 퇴색되고 상실되어버렸으며, 명칭과 관련된 회상과 예감이 다른 민족에게는 결코 남아 있지 않다는 사실입니다. 철학이라는 학문이 독일인에게 피신해 와서 오직 그들 속에만 계속 살아남게 된 것입니다. 이 신성한 빛을 보존해야 하는 임무가 우리에게 맡겨져 있으며, 이 빛을 돌보고 양육하며, 인간이 소유할 수 있는 최상의 것, 인간 본질의 자기의식이 소멸하거나 꺼지지 않도록 염려해야 하는 것이 우리의 소명입니다. 그러나 독일에서조차 이전 시대의 진부함이 재건의 길을 가로막고 있어서, 진리에 대한 인식도 전혀 없고, 신과 세계의 본질과 정신의 본질은 개념화될 수도 파악될 수도 없는 것이라는 사실을 발견하고 증명하려고 사념하거나 확신하기도 했던 것입니다. 즉 정신은 종교에 머물러야 하며 종교는 [16] 이성적인 앎 없이 신앙과 감정과 예감에만 머물러야 한다고 생각했던 것입니다.[26] 그래서 인식은 절대자의 본성과는 전혀 관계하지 않게 되었습니다. 이 절대자가 바로 신이며 자연과 정신 속에서 참되고 절대적인 것임에도 불구하고 말입니다. 오히려 한편으로는 오직 부정적인 것만을 인식한 나머지 어떤 진실한 것도 인식하지 못하면서, 단지 진실하지 않고 순간적인 것과 덧없이 무상한 것만을 선호하고 인식하게 되었던 것입니다. 다른 한편으로는 외적이며 역사적이고 우연적인 상황들이 인식되게 되었는데, 이러한 상황하에서는 이른바 사념(思念)된 인식만이 나타나게 되었습니다. 이렇듯 인식을 역사적인 것으로 취급하고, 그와 같은 외적인 측면들에 따라 비판적이면서도 박학다식하게 인식하려는 시도가 있다면, 이 경우에 인식의 내용 면에서 보자면 인식은 결코 진지하게 다루어질 수 없을 것입니다. 이럴 경우 인식은 로마의 집정관인 필라투스Pilatus가 한 것과 같은 상황에 처하게 되고 맙니다. 필라투스는 그리스도가 진리라는 말을 사용하는 것을 듣고, 진리가 무엇이냐?라고 물으면서 이 말을 거부해버렸습니다. 진리와 같은 그러한 말과 절교하고서는 어떤 진리 인식도 없다는 사실을 아는 사람처럼 행동한 것입니다.[27] 그래서 예부터 가장 창피하고 품위 없는 짓으로 취급된 것은 진리 인식을 포기해버리는 행동인데, 이러한 짓이 우리 시대 바로 이전에는 정신이 최상의 승리를 거둔 일로 높이 치켜세워졌던 것입니다. 지금껏 이성에 일어났던 바처럼, 이성에 대한 절망은 여전히 고통과 비애와 결부되어 있지만, 곧이어 종교적이며 인륜적인 경솔함과 계몽Aufklärung(啓蒙)이라 불렸던 앎의 일상성과 천박함이 솔직하게 자신의 무능함을 시인하면서도 고귀한 관심을 완전히 망각하는 교만한 태도를 보이게 되었습니다. 그리하여 마침내는 이른바 비판 철학이라는 것이 영원하며 신적인 것에 대한 이러한 무지함에 대해 일말의 양심의 가책도 지니지 않게 된 것입니다. 이렇게 된 연후는 비판 철학이 영원하고 신적인 것,

진실한 것에 대해서는 어떤 것도 알 수 없을 것이라는 사실을 증명할 수 있다고 확신했기 때문입니다.[28] 이렇게 사념된 [17] 인식이 감히 철학이라는 용어에 자신이 어울리는 듯한 태도를 보이게 되었고, 앎은 물론 그 성격의 천박함 역시 결코 더 바람직하게 되지 않았을 뿐만 아니라, 이러한 천박함으로 인해 무지와 천박함과 피상성이 더 특출하게 되었고 모든 지적인 노고의 목표이자 결과로 주장하는 이러한 학설 외에는 어떤 것도 파악되는 바가 없게 되었습니다. 진실한 것을 알지 못하고 단지 현상적이며 시간적이고 우연적인 것만을 인식하고 공허한 것만을 인식하는 태도, 이러한 자만심이 바로 철학에서 넓게 확산되었고, 우리 시대에도 여전히 확산되고 있으며 호언장담하고 있습니다. 독일에서 철학이 등장하기 시작한 이래로, 이러한 상황이 이성적인 인식을 부인하고, 이러한 월권을 행하면서 확산되었을 것이라는 사실이 철학이라는 이 학문에게는 결코 나쁜 일이 아니었다고 사람들이 말할 수도 있습니다. 이러한 상황은 이전 시대를 거쳐 지금에 이르렀으며[29] 좀 더 옹골찬 감정과 새로운 실체적 정신과 모순에 처하게 되었습니다. 좀 더 옹골찬 정신이 지닌 이 서광을 환영하고 간청하면서, 철학은 내용을 지녀야 하며 이 내용을 제가 여러분 면전에서 개진할 것입니다라고 주장했을 때 제가 유일하게 중시한 것은 바로 이 정신입니다. 그러나 여기서 저는 청년의 정신을 간청하는 바입니다. 왜냐하면 청년은 아직까지 궁핍한 제한된 목적의 조직에 얽매이지도 않으면서, 사심 없이 학문적인 일에 전념하는 자유를 누릴 수 있는 아름다운 시기이기 때문입니다. 또한 청년은 자만이라는 부정적인 정신에도 아직 얽매이지 않고, 단지 비판만 하려는 악착 같은 노력이 지닌 몰내용성에도 사로잡히지 않은 시기이기 때문입니다. 여전히 건강한 가슴은 진리를 열망하는 용기를 지니고 있습니다. 그리고 철학이 머무르면서 철학이 세운 것은 바로 진리의 왕국입니다. [18] 우리는 철학 연구를 통해 이 진리의 왕국에 참여하게 될 것입니다. 삶에서 진실하며 위대하고 신적인 것, 바로 그것은 이념을 통해 존립합니다. 철학의 목표는 이 이념을 진실한 형태와 보편성의 차원에서 파악하는 것입니다. 자연은 이성을 필연성에 의해서만 완성시켜야 하는 제한에 얽매여 있습니다. 그러나 정신의 왕국은 자유의 왕국입니다. 인간적인 삶이 아울러 간직하고 있으며 가치 있고 중요한 모든 것은 정신적인 본성입니다. 그리고 이 정신의 왕국은 오직 진리와 정의에 대한 의식을 통해서만, 그리고 이념의 파악을 통해서만 실존합니다.

우리가 발을 들여놓은 이 길에서 여러분의 신뢰를 얻을 수 있기를 바랍니다. 그러나 저는 우선 여러분이 학문에 대한 신뢰와 이성에 대한 믿음, 그리고 자기 자신에 대한 신뢰와 믿음을 가지기를 바랍니다. 진리에 대한 용기와 정신의 위력에 대한 신뢰는 철학 연구의 제일 조건입니다. 인간은 자기 자신을 존경할 줄 알아야 하며, 스스로를 최상의 것에 어울리는 사람으로 존중할 줄 알아야 합니다. 정신의 위대함과 위력에 대해서는 아무리 많이 사유해도 지나치지 않습니다. 삼라만상의 폐쇄된 본질은 인식하려는 용기에 저항할 수 있는 어떤 힘도 그 자체에 지니고 있지 않습니다. 이 폐쇄된 본질은 인식하려는 용기 앞에서 열릴 수밖에 없으며, 삼라만상은 풍부함과 깊이를 드러내고 향유될 수밖에 없습니다.

이렇게 서두를 꺼내고 나니, 철학적 학문의 엔치클로페디[30]라는 이 강의의 주재(主材)에 좀 더 가까이 접근하게 되었습니다. 짤막하게 이 대상에 관해 이야기하자면, 첫째, 저는 엔치클로페디라는 이 대상에서 토대를 세우는 일Begründung과 완전한 체계적 범위를 지닌 철학을 생각하고 있습니다. 철학에서 토대를 세우는 일은 오직 철학의 체계적인 범위 내에만 머문다는 사실이 철학 자체에서 좀 더 상세히 드러날 것입니다. 하지만 보통의 오성은 토대를 세우는 일이 선행해야 한다고, 아니면 이 토대 밖에서나 토대를 세우고 난 이후에 학문 자체가 등장해야 한다고 생각합니다. 그러나 철학은 [19] 삼라만상처럼 자체 내에서 완성되며, 최초의 것도 최후의 것도 없습니다. 오히려 모든 것이 서로 관련을 맺으며 간직되고 하나로 유지됩니다. 이 강의의 의도는 여러분에게 삼라만상의 이성적인 모습을 보여주는 데 있습니다. 부분들은 오직 전체로서만 파악될 수 있기 때문에, 전체와 더불어 시작하고자 했던 것입니다.[31] 이번 학기에 자연법학Wissenschaft des Naturrecht을 이미 개설한 것처럼, 이후에 저는 개별적인 부분들에 대해서는, 다른 특수 분야들과 관련된 강의를 할 예정입니다.[32]

그렇기 때문에 다음으로, 저는 엔치클로페디를 통해 철학은 긍정적인 내용을 지니고 갖추어야 하며 철학 없이 철학해서는 안 된다는 점을 주장하고 싶습니다. 철학적인 삼라만상의 모습은 오직 사유된 것뿐이고, 이것은 스스로에게서 사상을 자유롭게 그리고 자립적으로 산출해냅니다. 철학은 존재하는 것을 인식하므로, 철학의 내용은 피안(彼岸)에 있지 않으며, 신이나 세계나 인간의 사명에 대한 감각이나 내외적 느낌에 드러나는 바와 상이하지도 않으며, 오성이 파악하고 규정한 바와도 상이하지 않습니다. 그러나 그것이 얼마나 참인가 하는 점에서 보자면, 그것은 오직 사유하는 이성에게만 드러납니다. 존재하는 것은 즉자적으로 이성적입니다만, 그렇다고 해서 인간이나 의식에게도 그러한 것은 아닙니다. 사유의 활동과 운동을 통해서만 비로소 이성적인 것은 인간에게 참으로 존재하는 것이 됩니다.[33] 이러한 사유의 활동과 운동은 수동적으로 파악하는 태도가 아닙니다. 왜냐하면 수동적인 파악은 외적인 성격을 지닌 만큼 감성적이기 때문입니다. 그렇다고 사유의 활동과 운동이 아무렇게나 산출하는 활동이나 설왕설래하는 형식적 추론Räsonieren[34]인 것도 아닙니다. 오히려 그것은 이성적인 사유이자, 감성적이고 사념적이며 주관적인 것이 섞여 있지 않고 자유롭게 자기 자신에게만 머물면서 스스로를 전개시켜나가는 사유입니다. 존재하는 것인 이성과 정신의 본질을 이루는 이성은 동일합니다. 정신이 이성적인 것에서 산출해낸 것, 바로 이것이 존재함에 객관적인 것이기도 합니다. [20] 그리고 객관적인 것이 사유하는 한에서만, 이 객관적인 것은 정신에게 이성적입니다. 인간이 세계를 주시하는 것처럼, 세계도 인간을 주시합니다. 인간이 세계를 감각적이며 형식적으로만 주시하게 되면, 세계도 인간에게 단지 감각적으로만 나타나게 되고 무한히 다양하고 분화된 맥락 속에서만 나타나게 됩니다. 이와 반대로 인간이 세계를 이성적으로 주시할 경우에만, 세계는 인간에게 이성적인 모습으로 드러나게 되는 것입니다.

따라서 저는 마지막으로 다음과 같이 주장하는 바입니다. 즉 개인이 서 있는 관점은 그 개인이 철학함으로써만 드러난다는 것입니다. 우리는 종종 철학에 발을 들여놓은 사람에게 철학에 대한 욕구Bedürfniß der Philosophie[35]를 이제 비로소 일깨우고, 철학이 필요한 상태로 그를 데려가야 한다고 요구하곤 합니다. 그런데 이 철학에 대한 욕구는 철학적 연구에 부분적으로라도 전념하려고 하는 여러분에게 이미 전제되어 있어야 합니다. 이 철학하려는 욕구는 더 심오한 내적 근거에서 나올 수도 있고, 아니면 여러분에게 이러한 욕구를 부여해준 부모님이나 선생님 같은 다른 이들의 권위와 같은 외적 동기를 가질 수도 있습니다. 그러나 철학의 본래적인 욕구의 근거가 되는 것은 모든 (사유하는) 인간에게 보편적으로 전제되어 있어야만 합니다. 인간은 감각적인 인식, 감각적인 욕망과 충동에서 시작합니다. 그리고 외적 세계는 인간 앞에 펼쳐져 있으며, 인간의 욕구와 호기심은 그를 이 외적 세계로 향하도록 자극합니다. 즉 인간의 내적인 감각과 그의 심정, 정의와 불의에 대한 감정, 인간의 자기유지의 느낌, 그의 명예와 같은 자극들이 그를 추동(推動)합니다. 그러나 인간은 이러한 상태에 만족하지 않습니다. 즉 인간 속에 본능적으로 있는 이성적인 면과 이것을 향하는 반성적 사유가 인간을 이 현상 세계에서 보편자와 근원자로 인도하며, 근거와 원인들, 법칙들에 대한 탐구로 인도하며, 이렇게 변화무상한 가운데 지속하는 것에 대한 탐구로 인도합니다. 반성적 사유는 인간을 감각적인 것과는 다른 방향으로 되돌리며 그것을 피하도록 하고, 인간에게 시간적인 것에 대립되는 영원한 것에 대한 사상을, [21] 유한하며 제한된 것에 대립되는 무한하며 무제약적인 것에 대한 사상을 드러내줍니다. 또 반성적 사유는 인간으로 하여금 보편적인 세계 질서와 모든 사물의 제일 근거와 본질을 수용할 수 있고 이것을 자체에서 배양할 수 있는 그러한 사상에 잘 감응하도록 만듭니다. 여기서 이미 철학이 시작되는 것입니다. 즉 자립적인 보편적 법칙, 존속하는 것과 절대적 본질의 이념에서 이미 철학이 시작되는 것입니다. 그러나 이러한 시작은 처음에는 단지 반성, 즉 오성이나 아니면 믿음과 느낌의 입장일 뿐입니다. 이런 상태에서는 무한자가 유한자에 여전히 대립하게 되고, 영원한 것이 시간적인 것과 여전히 대립하게 됩니다. 세계는 분열된 두 부분, 즉 현재의 왕국과 피안의 왕국으로 갈라지게 되는 것입니다. 현재의 왕국에는 현실과 나의 유한한 의식이 결부되어 있고, 정신은 나를 피안의 왕국으로 자꾸만 몰고 갑니다. 이렇게 되면 현재와 피안의 왕국, 둘 중 어느 곳에서도 나는 온전하게 존재하지 못하게 됩니다. 그리고 그중 어느 곳에서도 나는 지속적으로 머물 수가 없게 됩니다. 둘 중 어느 왕국도 나를 만족시키지는 못합니다. 각각의 왕국은 나에게 자신의 절대적인 권리를 주장하기에, 이러한 권리 주장은 모순 상태에 처하게 됩니다. 그리고 내가 그 둘 중에서 어느 하나를 포기하게 되면, 나는 결코 이 모순을 풀 수가 없으며, 그 둘은 각기 자신의 권리를 계속 주장할 것입니다. 철학이 필요로 하는 좀 더 상세한 내용을 포함하고 있는 것이 바로 이 모순입니다. 철학은 이 모순의 해소를 목표로 삼습니다. 자체 내에서 분열된 정신은 철학이나 자기 자신 안에서 화해 상태를 추구합니다. 여기서 모순은 다음과 같이 삼중적인 형식으로 파악될 수 있습니다. 첫째, 모순은 자유에 대한 객관성의 모순, 나 자신에 대한 외적 세계의 모순으로 파악될 수 있습니다. 나는 자연의 필연성에 의존하고 있으면서도 나 자신이 자유롭다고 생각합니다. 물론 내가 자연의 필연성에 의존하고 있는 정도는 나 자신이 자유롭다고 생각하는 정도만큼이나 강합니다. 내 이성의 목적들은 선과 정의, 그리고 진리입니다. 외적 세계는 이 이성의 목적들에 적합할 수도 있고 적합하지 않을 수도 있습니다. 이성의 목적들은 세계 속에서 자신들이 단적으로 실현되기를 요구하지만, 외적 세계는 그와는 달리 독자적으로 다른 법칙에 따르기를 요구할 수도 있습니다. 둘째, 자체 내에서 우연한 것들의 다채로운 왕국이라고 할 수 있는 객관적인 외적 세계와 필연성 사이에도 모순이 있습니다. 때로는 이 우연한 측면에 근거하고 있는 이러한 삶이 목적인 것처럼 보이기도 하며, 때로는 무상한 것처럼 보이기도 합니다. 이러한 상태에서는 보편적이며 정립되어 있는 것은 다양한 것들의 집합으로서의 하나일 수밖에 없으며, 이러한 집합 상태 속에서는 어떤 조화도 존립하지 않으며, 이성에 의해 근거로 요구된 합치나 통일도 존재하지 않습니다. 그리고 이 [22] 통일이 추상을 통해 그러한 집합 상태에 머무는 본질인 한, 통일은 공허하기 마련이며 자체에 어떤 다양성도 포괄하지 못합니다.

셋째, 그러나 나는 그 자체로 자유이며, 가장 다양한 것들과 가장 모순되는 태도를 보일 수도 있지만, 자연적 본성을 내 속에서 증대시키려는 충동도 가지고 있고, 내 관심사와 향유를 돌보기 마련입니다. 그런데 내가 이러한 것들을 충족시키려 하면, 나는 곧 몰락의 길을 걷게 됩니다. 그리고 이러한 것들을 희생하고 단절하는 데 필요한 행동을 요구하는 것은 바로 이성이며, 이성은 나의 자기의식의 조건이기도 합니다.

이러한 모순들은 외적 자연과 나의 내면이 나에게 보여주는 수수께끼를 만들곤 합니다. 바로 철학은 외적 자연과 나의 내면 사이의 모순들을 해소하는 것을 자신의 목표로 삼습니다. 사유와 자기의식이 깨어 있는 인간이라면 누구에게나 바로 이와 같은 모순들이 발생합니다. 그리고 이 모순들로 인해 인간은 이 보편자 속에 있는 진리를 혼란시켜버리기도 하는 것입니다.

모든 인간은 이 모순들을 해소하고자 하는 욕구를 가지고 있습니다. 사람들은 이 모순들의 해소를 종교나 믿음 속에서 찾거나, 아니면 교설(敎說)과 감정과 표상 속에서 찾을 수도 있고, 무한자에 좀 더 접근하면서 교설을 매우 추상적인 보편성 속에서 견지하거나, 감성적인 표상의 형식이나 조화에 대한 믿음을 견지할 수도 있습니다. 그런데 이와 같은 목적이나 내용에서는 진리라는 것이 진리의 형태로 존속하지 않을뿐더러, 오히려 감정과 그냥 주어진 것들, 아무런 근거 없이 믿어진 예감들, 직접성을 띠고 있는 표상들이 종교에서는 지속적이지 못하며 개념 파악될 수 있는 것도 아닙니다. 이런 표상이란 게 본래 그런 것이지요. 직접적으로 취해진 것은 영원한 진리가 아니라 시간적이며 역사적인 진리의 방식으로만 있을 뿐입니다. 이러한 입장에서는 자신이 낯설다고 느낄 수 있는 것을 단지 상식적인 확신을 가지고 도외시하기 마련입니다.

종교라는 것은 인간의 본질에 대한 의식이 인간에게 떠오르는 방식입니다. 즉 자연의 본질과 인간 정신의 본질은 종교 속에서 인간에게 대상화될 수 있습니다. 그런 가운데 진리가 인간에게 계시Offenbarung[36] 되는 것입니다. 종교에서 인간은 자신의 단순한 주관성과 개별성, [23] 궁핍함의 상태를 넘어서게 되고, 정신은 이러한 인간 속에서 자기 자신을 파악하게 됩니다. 그런 가운데 본질적인 정신이 인간이라는 본질적인 정신에게 현재하게 되는 것입니다. 종교에서 인간은 현재의 궁핍함과 쾌락의 상태에 제약된 일시적인 목적에서 벗어나게 되며, 인간의 본질이 그 자체로 자유롭게 됩니다. 다시 말해 내적인 신이 외적인 신과 동일하게 되는 것입니다. 그렇기 때문에 종교는 주관적인 것이어서는 안 되며, 주관 자체에 속하지 않고 오히려 주관의 특수성을 벗어나야 합니다. 즉 종교는 순수하게 사유하는 앎, 순수하게 보편적인 앎이어야 합니다. 우리는 근대neuere Zeit[37] 에 들어와 종교를 하나의 단순한 나의 주관적 감정으로 만들어버리고 오직 나 속에서 나와 상관있는 일로만 취급하게 되었습니다. 그래서 각자는 자신의 특수한 방식,

즉 특수한 직관과 자기 존재의 특수한 방식에 맞춰 나름대로 각자 믿음을 가짐으로써, 사람들은 진리의 계기를 간과하게 된 것입니다. 즉 종교는 나의 개인적인 일이며, 나는 개인적으로 바로 이러한 사람으로 존재하게 됩니다. 그러나 종교 속에서 나는 나의 본질에 따라 존재해야만 마땅하며, 나의 특수성을 중요하게 취급해서는 안 되며, 오히려 그러한 특수성을 넘어설 수 있어야 하고 도외시할 수 있어야 합니다. 그렇게 해서 나는 객관적인 태도를 취해야 하는 것입니다. 바로 이와 같은 것이 나의 객관적 존재라고 할 수 있습니다. 내가 먹고 마시며 특수한 목적을 지향한다면, 나는 단지 특수자로서만 존재하며 실존하고 살고 느끼며 나 자신을 의식하고 있는 것일 뿐입니다. 그러나 종교적 감정과 삶은 고귀한 삶입니다. 그리고 경배 속에서 신적인 것은 자기의식이 됩니다. 이때 특히 나는 나 자신을 무한자로 고양시키고, 반대로 단지 내적일 뿐이라서 자기의식적이지 않은 무한자는 하나의 자기의식이 됩니다. 바로 이 자기의식이 자기의식적인 신이며, 그중 자기의식이라는 형상만이 주체인 나에게 다가오기 때문에, 나는 나의 특수성을 무화시키고, 또한 오직 그렇게 함으로써만 형식을 내용으로 고양시키게 되며, 신적인 것이 자기의식으로 됩니다.

이러한 객관성이나 주관성이 종교를 구성합니다. 그러나 이 신적인 자기의식은 종교로서 [24] 자신의 내용과 진리성에 맞지 않는 특정한 형태를 여전히 지니고 있습니다. 종교에서는 감정이 주요 형식이자 더 나아가 진리이기도 하며, 본질이 의식되는 방식이 표상이고, 인식의 상태는 사상과 단지 혼합되어 있는 믿음일 뿐입니다. 그래서 종교의 형식은 표상인 것입니다.[38] 신은 그러한 형태로 존재하며, 영원한 신적 존재와 삶이 상상Phantasie[39]에게는 외적 형식으로 표상되고 있을 뿐입니다. 신은 세계를 창조했습니다. 그리고 이성은 외부를 향한 행위이자 역사로서, 유한한 방식과 상태로 자기 자신을 직관하고 스스로에 대립하며 대자적으로 되는 것입니다. 이것이 바로 신의 아들의 산출이라고 할 수 있을 것입니다. 이 신적인 대상의 영원한 통일성은 정신으로 언표됩니다. 그런데 성령이라고 할 수 있는 정신이 성부와 성자에서 출발하는 세 번째 것이며, 오직 정신 이전의 성부와 성자라는 두 계기만이 자신의 실제적인 존재를 지니는 것은 아닙니다.[40] 인간은 선악을 인식할 수 있는 자기의식을 지니게 되었는데, 이러한 일은 한편으로는 하나의 우연적인 역사적 사건——선악과를 따 먹은 일처럼——으로서 좀 더 광범위한 외적인 타락의 과정이자 부정한 일입니다.[41] 그러나 동시에 다른 한편으로 보자면, 이러한 일은 정신의 자기 자신과의 화해Versöhnung[42]이기도 하며, 신적인 본성과 인간적 본성의 동일화이기도 합니다. 이것을 단순히 외적인 발생이나 시간적인 발생으로만 보면, 그것은 타자 속에서 특수한 개인만을 직관하는 것이지 이성 속에 있는 즉자대자적인 것은 아닙니다.

바로 이런 표상 방식 속에는 시공 속의 이질성과 외면성이 있으며, 그와는 또 다른 시간과 또 다른 공간, 또 다른 현실이 있게 됩니다. 여기서 핵심은 나의 것das Meine이라는 용어입니다. 왜냐하면 이것이 이성이기 때문입니다. 그러나 그것을 담고 있는 이 형태는 나에게는 또 다른 것이며, 그렇기 때문에 아직 관철되지 않은 것이자 개념 파악되지 않은 것입니다. 그렇기 때문에 정신은 종교의 형태, 즉 주관적인 감각의 형태에 머물 수가 없습니다. 왜냐하면 이 주관적인 감각이라는 것은 이성적인 자기의식의 동물적 형식이기 때문입니다. 그러나 [25] 이러한 표상의 형식에 머물지 않고 표상의 형식을 떨쳐버리고 이성적으로 사유하면, 나는 나 자신을 그 속에서 직관하고 알게 되며, 나 자신을 필연성을 지닌 것으로서, 이성 본연의 규정으로서 개념 파악하게 됩니다.

그러므로 철학은 종교와 동일한 목적과 내용을 가지지만, 단지 그 형식은 표상이 아닙니다.[43] 철학은 권위나 믿음이 아니라 사유에 의해 무엇을 확증하려 합니다. 그렇기 때문에 종교의 형태는 좀 더 고차적으로 도야되어 있는 의식을 만족시키지는 못하며, 이러한 의식은 인식하기를 원하고 종교의 형식을 넘어서기를 원하며, 오직 그렇게 함으로써 철학은 자신의 내용을 정당화하는 것입니다. 그래서 철학에 있어서 진정한 정당화는 역사적이거나 단순하게 가르쳐질 수 있는 외적인 것이 아니며, 영원한 것은 시간 속의 여러 가지 사실들을 통해 스스로의 토대를 세우지는 않습니다. 그러한 것이 아니라, 좀 더 고차적으로 도야되어 있는 의식이 정신을 확증해주는 증거물Zeugnis입니다.

따라서 철학의 입장도 이제 확정되었습니다. 진리의 인식은 즉자대자적인 목적이며, 철학은 자신 외부의 타자에 목적을 두지 않습니다. 자신의 목표를 자기 자신 속에 두지 않고 타자 속에 두어 유용하게 되는 것이 철학의 근본 사명은 아닙니다. 그래서 아리스토텔레스가 《형이상학Metaphysica》 1권에서 말했던 바처럼, 자유의 상태 속에 있는 삶, 이것이 바로 정신의 실존과 활동의 최고 방식이다라고 말하는 것이 적절하다고 생각됩니다.[44] 그 외의 다른 모든 방식들은 이러한 자유, 이러한 실존 방식을 지니지 않습니다. 먹고 마시고 잠자고 삶을 편안하게 보내면서 부(富)를 즐기고 향유하는 것, 이러한 방식들은 자유롭지 않으며, 여기에는 제한된 목적들만 있습니다. 그에 비해 이보다 더 정신적인 방식들, 즉 권리를 제대로 나누고 조국을 방어하는 등의 국가적인 삶, 현실의 이 위대한 전체 속에는 보편적이며 정신적인 목적이 있습니다. 그러나 법 집행의 대상은 소유의 제한된 목적이며, 국가적인 삶은 우연적으로 주어진 개별 상황들에서도 이러한 제한된 목적을 넘어서 추동되어 나가며, 종교와 철학을 대상으로 삼고 무제한적인 것으로 만듭니다. 국가적인 삶은 이러한 대상과의 관계입니다. [26] 종교가 의무로서 대자적으로 표상되는 바처럼, 예를 들어 신에 대한 봉사에서 개인은 그가 하나의 신성한 것인 자립적인 왕국과 삶에 다가가려 할 때 그가 선호하고 개인의 목적에 기여하는 측면에서 어떤 것을 독자적으로 할 수는 없으며, 그러한 왕국과 삶 속에서 자기 고유의 목적들은 포기해버립니다. 그처럼 철학도 인간이 자신의 선호나 특수한 목적을 포기해야 하는 그런 영역입니다. 철학에서는 인간이 더 이상 자기 자신, 자신의 것das Seine을 추구하지 않고, 그 스스로 자기 지속적인 것에 참여할 수 있다는 점에서 존경받습니다. 철학과의 소통은 삶의 주일로 간주될 수 있습니다. 가장 훌륭한 제도 중 하나는, 일상의 시민 생활에서 인간이 유한한 현실성 속에 갇혀 있다가도, 주일이 되면 일상에서 벗어나 자신의 시선을 지상에서 천상으로 고양시키면서 자신의 이성성과 영원성과 본질을 스스로 의식하게 되는 일입니다. 인간은 주일을 위해 한 주를 열심히 일하지, 한 주 동안 할 일을 위해 주일을 가지지는 않습니다. 그래서 철학은 대자적인 의식이자 목적이며 국가가 거행해야 될 일로, 모든 다른 목적은 철학을 위해 존립하는 것입니다. 현실의 삶 속에서 어떤 사람은 자신의 의식을 타인에게 각인시켜 유지하고 타인에게 도움이 되기 위해 종교적 신분에 종사합니다. 이전에는 다른 사람을 위해 가르침을 주지 않고 오직 영원자에게 봉사하는 일에만 헌신했던 신분이 있었습니다. 이 사람들은 그 밖의 세계로부터 배제되고 희생되었으며, 그렇게 해서 유용하지 않은 삶, 여타의 근심 어린 일상사와는 무관한 예배와 신에 봉사하는 일이 가능했던 것입니다. 이 신분은 이제 사라져버렸습니다. 그러나 그와 마찬가지로 이렇게 사심 없는 자유로운 작업이라고 할 수 있는 학문이 부분적으로는 [27] 그 역할을 대신할 수 있습니다. 그리고 학문, 특히 철학의 존립을 위해서 고유의 신분, 즉 철학자의 실존이 헌신한다는 사실도, 국가가 현실에서 건립할 수 있는 것을 완성시키는 일에 속합니다. 그러나 현실과의 완전한 단절은 단지 국부(局部)적인 의미만을 띨 뿐입니다. 이성은 자신의 실존을 위해 더 폭넓고 더 다양하게 뻗어나간 현실을 필요로 합니다. 그러나 이와 동시에 본질적인 점은, 정신이 현실의 유한성 속에 갇힌 채 머물 수만은 없다는 것입니다. 그리고 철학은 정신이 좀 더 고귀한 삶인 정신 자신에게 정주(定住)할 수 있다는 것을 알며, 그러한 상태를 유지해야 하는 영역입니다. 이 고귀한 자기의식이 유한성으로 나가는 여타의 삶의 기초이자 실체를 이룹니다. 일상의 삶은 그의 뿌리와 깨달음과 확증, 강화와 신성을 고귀한 자기의식 속에서 지닐 수 있습니다.

따라서 여기서 자연스럽게 철학의 쓸모 있음이 언표된 것이나 다름이 없습니다. 왜냐하면 한 학문의 유용함에 대해서는 또한 다음과 같이 말하곤 하기 때문입니다. 즉 진리는 진리 자신을 위해 존재하며, 그 밖의 모든 현실은 진리의 육화

(肉化)이자 외적 실존이라고 말입니다. 외적 실존에서 개별적인 다른 목적들이 발생합니다. 철학은 이런 목적의 담지자Träger이자 실체[45]입니다. 모든 것은 그것이 자신의 개념에 적합하고 그것이 진리 속에서 존재할 때에만 유지되며 실현됩니다. 여타의 목적과의 관계나 삶과 학문의 목적도 마찬가지입니다. 심오한 것은 보편자이며 이 보편자는 모든 것에 적용됩니다. 그러나 여기서의 적용은 외적 적용이 아닙니다. 더구나 실체적인 측면이라고 할 수 있는 진정한 인식은 모든 것의 근거이자 담지자를 이룹니다. 다른 모든 목적은 이러한 실체에 적합하기 때문에 실체에 종속되어서 제각기 자신을 실행하고 실현할 수 있습니다. 만일 다른 목적이 실체에 적합하지 않다고 한다면 다른 목적은 그 자체로 아무런 의미도 없게 됩니다. 그래서 우리는 신이 가장 쓸모 있는 것이다라고도 말할 수 있습니다. 신은 절대적으로 유용합니다. 왜냐하면 다른 모든 실존자들은 [28] 오직 신 속에서만 존립하기 때문입니다. 그래서 특수한 학문들의 모든 도야——생활 상태나 국가 기구와 같은 것들에서——는 이념에 적합한 것을 지니고 있습니다. 철학에서는 특수한 학문들에서 진리인 바가 철학의 내용이 됩니다. 이념에 적합한 것은 외적 자연이나 산물처럼 그 자체가 맹목적으로 존재하지는 않습니다. 오히려 그것은 인식하는 정신의 사태이며 그 속에 진실하며 옳은 것, 철학적인 것이 있습니다. 그래서 각 개인의 현실적인 삶이나 그들의

사명에 있어서도 마찬가지입니다. 철학 속에 실체적인 것이 깃들어 있고, 보편자 속에 철학적인 연관이나 입장이 있으며, 더욱이 개인이 세계의 본질에 대해 가지는 의도, 즉 개인이 세계의 본질과 어떤 관계를 맺는가 하는 점도 있습니다. 진리가 존립하는 곳, 그것이 바로 철학입니다.

유용함을 형식적인 도야formelle Bildung[46]와 관련해서 보자면, 철학을 통해서 형식적인 것, 사유하는 것을 배우고 보편자와 본질적인 것을 확정하며, 우연적인 것, 사유를 방해하는 것은 저버리고 추상을 배웁니다. 이렇듯 구체적인 것에서 보편자를 인식하고 중요한 핵심을 끄집어내는 일은 삶을 꾸려나가는 데에서 우선적인 자격을 가진 것이나 다름이 없습니다. 형식적으로 도야되지 않은 사람은 한 사태를 우연적인 외부 여건만으로 파악하려 하며, 사태를 파악하거나 설명하면서 아니면 우연적인 상황 속에서 행동하면서 그는 혼동되기 쉽고 그렇게 해서 사태 주변을 맴돌게 됩니다. 이에 비해 도야된 사람, 즉 품성Charakter[47]을 지닌 사람은 본질적인 측면을 파악하는 데 집중하며, 오직 이 본질적인 면만을 고수하고 그것을 완수해나가고자 합니다. 그리고 철학에 종사하거나 철학을 연구하는 일은, 우연적이며 무상한 것들을 저버리고 본질적인 측면에 지속적으로 익숙해지는 일이기도 합니다. 또한 철학은 내용적인 측면에서 보자면 절대적인 목적과 진정한 존재를 인식하는 것을 배우는 일이기도 합니다.

철학이 본질적인 측면에 종사하기 때문에, 철학은 어려운 학문으로 간주됩니다. 그리고 이 어려움은 철학을 이해하는 데에서 생기는 것입니다. 이에 대해 간단하게 살펴보면, 우선 철학은 사유의 학문이기 때문에 무엇보다 [29] 어려운 학문입니다. 왜냐하면 가장 쉬운 것은 보고 듣고 맛보는 것이며, 그다음으로 쉬운 것은 보고 들은 것을 표상하는 것이기 때문입니다. 그렇기 때문에 예를 들자면 자연사Naturgeschichte(自然史)[48]는 가장 쉬운 학문입니다. 자연사라는 학문에서 우리는 색채와 같은 공간 속에서의 형태를 주시하고 느낍니다. 그러나 볼 수 있고 들을 수 있고 감지할 수 있는 것 등과는 달리 현재적인 것은 단순하게 표상될 수 없는 것입니다. 자연사에서 등장하는 생각, 개념과 반성을 양적으로 질서화하고 체계화하는 일은 가장 단순하며 그렇기 때문에 쉽습니다. 철학함에서 우리는 무엇보다 직관의 토대를 떠나야 하며, 철학이라는 세계는 사상 속에 있습니다. 듣고 보는 것이 지나가버린 상태에서야 철학이 가능합니다.

더 나아가 이보다 더 어려운 점이 있습니다. 이러한 감성적인 형식들이 없어져야 할 뿐만 아니라, 의식이 익숙해져 있는 모든 여타의 지지점들Stützpunkte[49]도 사라져야만 합니다. 우리는 일상적인 표상 속에 근거를 가지고 있습니다. 이 근거는 모든 점에서 일상적인 표상에 머물고 마는 것으로서, 예를 들자면 신은 표상 속에서 확고한 근거로 남는다라고 할 때와 마찬가지입니다. 여기서 근거는 기체(基體)라고도 할 수 있는데,[50] 이 경우 신에 관해서 말해지는 모든 것은 신이 지닌 속성으로서 오직 이 기초 위에 세워집니다. 외부 물체에 대한 나의 감정과 표상, 정의에 대한 나의 느낌도 마찬가지입니다. 이 경우에는 우리가 이미 가지고 있는 일반적인 표상, 예를 들면 원인과 결과나 힘이나 근거에 관한 표상이 원칙으로 사용됩니다. 우리는 이 표상을 타당하다고 생각하고, 표상 속의 보편자가 근거로 계속 남아 있도록 합니다. 단지 개별적 규정만이 여기에 덧붙여져서 또 다른 위치를 차지하거나 아니면 제거되어버립니다. 우리가 우리 표상 속에서 익히 알고 있는 그러한 것의 전체 범위는 부분적으로는 보편적인 명제이자 내용인 의식의 사태이며, 부분적으로는 형식인데, 이러한 전체 범위를 합쳐 보통의 오성·상식(常識), 건전한 인간 오성이라고 부릅니다. 여기서 도출되는 원칙에 따라 [30] 사람들은 일상에서 일어날 일에 대해 자신의 삶을 계획하고 판단합니다. 이것은 일종의 선입견이라는 형식이라고 할 수 있죠. 그리고 건전한 인간 오성을 지니고서 문제되고 있는 어떤 것을 판정하고, 현실에서 중요한 측면에 맞게 성취 가능하고 수행될 만한 것을 행하는 것은 한 인간에게 커다란 이점이 됩니다. 그러나 상식은 한계를 지니고 있으며, 이 한계는 곧 상식 자신에게 익숙한 것 때문에 발생합니다. 이전에 아메리카를 발견하기 전에는 지구가 둥글며 태양이 정지해 있고 혹인이 있다는 등의 사실에 대체로 반대 입장을 취했습니다. 동방에 있는 국가들을 여행한 사람들은 공화국이 있다는 상식에 반대했습니다. 그런데 상식만으로는 철학을 제대로 할 수가 없습니다. 철학은 이 모든 지지점, 익숙한 것들을 단념합니다. 삶과 사유 속에서 이미 지니고 있는 것에 익숙하게 세계를 바라보는 태도를 철학은 단념하며, 진리와 정의, 선에 대해 상식이 지닌 개념을 단념합니다.

철학하려는 결단은 사유 속에서 순수하게 나타납니다. 사유는 자기 자신에게만 머물러 고독합니다. 이 결단은 망망대해에 던져져 있는 것과 같습니다. 모든 다채로운 색채와 모든 지지점이 사라져버리고, 친숙했던 빛과 올바른 길을 가르쳐주던 북극성도 꺼져버리고, 정신의 내면의 별인 오직 단 하나의 별만이 비추고 있는 대양 말입니다. 그러나 정신이 곧 북극성입니다. 홀로 고독한 상태에 있는 정신에게 섬뜩함Grauen[51]이 엄습하는 것은 어쩌면 당연한지도 모릅니다. 그리고 사람들은 이 섬뜩함이 어디서 오고 자신이 어디로 가야 하는지를 아직까지 모릅니다. 사라져버린 것 중에서 우리가 이 세상의 어떤 대가를 치르고라도 포기하지 않으려는 많은 것이 있습니다. 하지만 이런 고독 속에서는 그러한 것이 아직도 재산출되지는 않은 상태이며, 우리는 그러한 것이 다시 생길지, 다시 주어지게 될지를 확신하지 못하고 있습니다.

[31] 이러한 불확실함과 불안, 모든 사물이 동요하는 이러

한 상황은, 종종 우리가 비이해라고 부르는 관점에서 파악되곤 했습니다. 보통 이해라는 말은, 우리가 심정, 사상 또는 표상 속에 지니고 있는 것, 보통의 인간 오성에 맞고 적합하며 우리가 가장 쉽게 이해하는 그러한 것으로부터 철학적 이념이 출발해야 하고 그러한 것과 연결되어야 한다는 측면에서 사용되곤 합니다. 우리가 이미 알고 있는 것, 기억을 통해 가장 잘 알고 있는 것을 가장 쉽게 이해하듯이 말입니다. 목사의 설교는 성경에서 익히 알려진 구절을 인용할 경우에 가장 쉽게 이해되고, 시(詩)는 보통 시민의 가정 생활에서 익히 알려진 것들을 표현할 때 가장 쉽게 이해됩니다. 가장 쉽게 이해될 수 있다는 것, 이것은 우리의 익숙한 삶과 생각의 한계 속에 직접 맞닿아 있습니다.

내용과 관련해서 보자면, 그처럼 이해 가능한 것이 처음부터 그렇게 있는 것은 아닙니다. 감정과 표상은 그것 나름대로 확고한 상태를 견지하고 있으며, 앞서 제기된 질문과 그 질문에 대한 대답, 전제를 미리부터 제거해버립니다. 우리가 철저하게 이미 알고 있는 말에서 우리는 아무것도 더 경청할 것이 없습니다. 감정이나 표상은 이미 물음에 대답을 하고 있는 셈이고 이미 기지(既知)의 답을 가지고 있습니다. 믿음이라는 자연스러운 확신은 이러한 직접적인 상태에 만족할 수도 있죠. 그러나 자기 자신에게서 출발하는 사유는 이러한 대답을 스스로 전개해나가는 필연성 속에서만 인식합니다. 자신이 대답해야 할 질문에 이미 처음부터 답을 가지고 있으면서 시작부터 우선은 편하고 보자는 태도는 사태에 적합치 않은 조급한 태도일 뿐입니다. 정신은 참으로 자신의 이해관계에 얽혀 있는 것을 잃어버리지나 않을까 두려워해서는 안 됩니다. 정신의 이성은 철학에서 정신에게 발생하는 모든 것이 근거하고 있는 토대이므로, 이 이성은 표상에서 진리라고 일컬어지는 것 모두를 다시 정신에게 부여해줄 것이며, 이 점에서 표상도 이성의 본성이 애초에 산출해낸 것이나 다름이 없습니다.

철학. 역사와 체계 사이

1. 두 편의 연설문을 쓰기까지

헤겔은 생전에 두 차례 교수취임 연설을 했다. 하이델베르크 대학과 베를린 대학에 교수로 취임하면서 첫 강의 시간에 행한 이 두 연설은 비교적 짧은 연설문의 형태로 남아 있다. 현재 이 두 연설문은 모두 헤겔의 유고(遺稿)로, 헤겔 문서보관소에 보관되어 있다. 독일에서 새롭게 간행되고 있는 펠릭스 마이너 출판사의 학술원판 《헤겔 전집》에서는, 이 두 글이 제18권에 함께 포함되어 있다. 독일의 보쿰에 있는 헤겔 문서보관소를 중심으로 새롭게 《헤겔 전집》을 간행하고 있는 헤겔 연구자들이 이 두 연설문을 한데 모아 전집 제18권에 별도로 포함시킨 것은 나름대로 이유가 있다.

물론 두 연설문이 각기 '철학사' 강의와 '엔치클로페디' 강의의 첫 시간에 행해졌다는 점을 간과할 수는 없다. 한편으로는 두 연설문은 본격적인 강의에 앞서 해당 강의의 총론을 연설한 것이나 마찬가지라고 할 수 있다. 두 연설문의 끝맺음이 완결된 형태로 되어 있지 않은 것도 연설에 바로 이어서 본수업이 진행되었기 때문이다. 그러나 만일 이 연설문이 단지 철학사 강의와 엔치클로페디 강의의 서론 격의 글일 뿐이라면, 굳이 '교수취임 연설문'으로 독립시켜 함께 편집할 필요가 없었을 것이다. 따라서 강의 본내용과의 연속선상에서 교수취임 연설을 볼 수도 있지만, 동시에 강의의 서론과는 별도로 교수취임에 임하여 헤겔이 자신의 전반적인 생각과 소신을 밝힌 것으로 볼 수도 있다. 이 점에서 두 편의 교수취임 연설문은 '철학사'와 '엔치클로페디'라는 헤겔 철학의 구체적인 내용과 관계를 가지면서도, 교수취임사로서 독자적인 위치에 있는 것이다.

(1) 하이델베르크 대학 교수가 되기까지

헤겔은 1805년 5월에 하이델베르크 대학의 교수직을 얻으려고 시도한 적이 있었다. 이때 그는 예나에 머물고 있었다. 셸링의 추천으로 당시 학문과 사상의 중심지였던 예나 대학에서 사강사로 있던 그는, 예나가 1803년부터 사상사적으로 퇴조의 길에 들어서고 셸링과 함께 간행하던 《비판적 철학잡지*Kritisches Journal der Philosophie*》마저 폐간되자, 좀 더 생산적인 토론과 논쟁을 통해 자신의 철학을 발전시킬 곳을 모색하고 있었다. 특히 하이델베르크에서 새로운 잡지를 간행하고 싶어 했다. 당시 괴테의 친구이기도 했던 하이델베르크 대학의 교수 보스Johann Heinrich Voss와 주고받은 편지에서 헤겔은 "하이델베르크에서 하나의 새로운 희망이 학문에 일고 있기" 때문에 그곳으로 가고 싶다는 의견을 피력한다.[52] 그러나 일이 성사되지 않자 그는 예나 시기부터 절친한 니트함머의 제안에 따라 1807년 1월부터 바이에른에서 발행되던 《밤베르거 차이퉁Bamberger Zeitung》의 편집일을 맡는 것에 만족해야 했다. 이후 1808년 5월에 니트함머의 추천을 받아 1808년 11월 4일에는 뉘른베르크에 있는 에기디엔 김나지움Ägidiengymnasium의 교장직을 맡게 된다. 이후 1816년 10월 하이델베르크 대학에 정교수로 임명될 때까지 8여 년 동안 그는 뉘른베르크에 머물렀다. 이 시기는 그에게 있어서 《대논리학》이라는 중요한 결실을 맺게 되는 시기이기도 하다.

당시는 정치적으로 변화의 소용돌이 속에서 요동치는 시기였다. 1812년 러시아에서의 패배와 라이프치히 전투(1813년 10월)에서의 패배로 나폴레옹이 물러난 뒤 독일을 포함한 전 유럽은 역사의 흐름을 되돌려놓으려는 분위기에 휩싸인다. 이른바 빈 회의Wiener Kongreß(1814~1815)[53]에서 비롯되어 1815년 9월 파리에서 결성된 신성 동맹Heilige Allianz[54]을 통해 전 유럽을 나폴레옹 이전 시대로 되돌리려는 복고적 움직임이 지배하게 된 것이다. 이런 분위기 속에서 부르주아적인 진보파들에 대한 무자비한 탄압이 극심해졌다. 헤겔은

1814년 4월에 니트함머에게 보낸 편지에서 이러한 정황을 다음과 같이 적고 있다.

> 위대한 천재가 몰락하는 것을 바라본다는 것은 하나의 거대한 연극입니다. 그것은 지금까지 존재하는 사건 중에 가장 비극적인 일입니다. 납처럼 절대적인 중력을 가진 중간 계층의 대중은 쉴 틈도 화해의 여지도 없이 당당하게 밀어붙여 좀 더 위대한 것을 똑같은 수준으로 혹은 자기보다 아래로 끌어내립니다. 이러한 대중이 권력을 갖는 무리로서 높은 자리에 머무는 것이, 위대한 개인조차 그 정당성을 인정하며 그와 더불어 스스로 몰락해가는 원인이며, 바로 이것이 전체의 전환점입니다.[55]

이러한 정치적 여파는 헤겔이 머물던 뉘른베르크에까지 미쳤으며, 바이에른 공국은 지금까지 진행되어오던 미미한 혁신의 분위기조차 거꾸로 되돌리려는 의도를 표면화하게 된다. 니트함머와 함께 이러한 정치적 상황에 불만을 품은 헤겔은 오랫동안 자신이 꿈꿔왔던 대학교수직에 대한 포부를 이뤄보고자 하는 희망을 다시 품게 된다.

헤겔이 처음부터 하이델베르크만을 염두에 둔 것은 아니었다. 그는 어느 대학에서든 교수직을 얻어 자신의 사상을 펼치고 싶다는 희망을 품고 있었다. 1814년 7월 30일 자로 뉘른베르크에서 함께 지내다가 하이델베르크로 먼저 이사한 신학자이자 철학자인 파울루스Heinrich Eberhard Gottlob

Paulus[56]에게 보낸 편지에서, 헤겔은 파울루스와 함께 있고 싶다는 바람을 피력하고 있다. 하지만 이 편지에서 그는 무엇보다도 공석이 된 피히테Johann G. Fichte의 베를린 대학 교수직 재임용에 관련된 소식을 궁금해하고 주선 문제를 부탁한다.[57] 파울루스 부인은 자신의 남편이 헤겔에게 쓴 답장에다 한 구절을 덧붙였다. 그들의 운명론에 따르자면 헤겔은 하이델베르크로 와야만 한다는 것이다. 왜냐하면 그들 부부와 헤겔은 이미 전에도 예나와 밤베르크, 뉘른베르크에서 함께 있었기 때문이라는 것이다. 그런데 이 당시 헤겔은 하이델베르크보다는 오히려 에어랑겐이나 베를린, 뮌헨에서 교수직을 모색하고 있었다. 그러나 1816년 당시, 베를린 대학 교수직 초빙은 프로이센의 내무장관인 반동주의자 슈크만Kaspar F. Schuckmann이 기각해버림으로써 무산된다.

이렇게 몇 년 동안 기다린 끝에, 갑자기 하이델베르크로 갈 수 있는 가능성이 열리게 된다. 1816년 5월 2일에 헤겔은 다시 파울루스에게 편지를 쓰는데, 이전의 편지와는 달리 하이델베르크로 갈 수 있는 일말의 가능성 때문에 파울루스에게 편지를 보낸 것이다. 이 편지에서 헤겔은 당시 가장 진보적 지식인이라고 평가받던 프리스Jakob F. Fries가 하이델베르크에 있다가 예나로 초빙되어 간 소식을 바이마르에서 들었다고 적고 있다. 그러면서 이번에는 매우 유리해 보여서, 파울루스 부부에게 하이델베르크가 어떻게 돌아가고 있는지

묻지 않아도 될 정도라고 자신의 의사를 전하고 있다. 이에 덧붙여 헤겔 자신이 필요한 조처를 강구해야 하는지 충고를 해주길 바라면서, 특히 파울루스 부부가 중재 역할을 해주길 바라고 있다.[58] 파울루스와 집중적인 서신 교환[59]을 하고, 예술학자이자 하이델베르크에서 유명한 화랑을 운명하던 부아세레Sulpiz Boisseré가 1816년 6월 초에 뉘른베르크를 방문했을 때 그와 여러 차례 면담을 한 후에, 총장 대리인 다우프Karl Daub가 그해 7월 30일 자로 헤겔에게 서신을 보낸다. 이 서신에서 다우프는 하이델베르크 대학의 철학 정교수 자리를 헤겔이 맡아주기를 정중히 청하고 있다.

> 만약 당신이 초빙을 수락한다면 하이델베르크는 대학 설립 이래 처음으로(이미 당신이 아마 알 듯이 스피노자가 예전에 초빙된 적은 있으나 성사되지 않았습니다) 철학자를 갖게 될 것입니다.[60]

헤겔이 초빙을 수락한 그해 8월 초까지 더 많은 서신을 왕래한 뒤, 다우프는 8월 16일 자 서신에서 헤겔에게 겨울 학기 강의 안내서를 부탁하면서 이번에는 논리학이나 자연법이 아니라 '철학사'를 강의해달라고 부탁한다.[61] 헤겔의 교수취임 강연은 '철학사 강의'의 첫 시간에 행해졌기 때문에, 이 강연의 연설문은 철학사를 강의해달라는 다우프의 청이 있은 후 작성된 것이다. 따라서 이 연설문이 작성된 시기는

1816년 8월 말에서 10월 말 사이로 잡을 수 있다. 왜냐하면 1816년 10월 28일에 헤겔은 '철학사 강의'를 시작하기 때문이다. 건강상의 이유로 뉘른베르크에 남아 있던 아내에게 보낸 10월 29일 자 서신에서, 헤겔은 어제 강의를 시작했다고 밝히고 있다.[62] 헤겔은 부인의 병으로 인해 원래 계획했던 것처럼 하이델베르크로 10월 11일 가족과 함께 이사할 수 없었고, 10월 20일이 되어서야 하이델베르크에 도착한다. 그러므로 이 연설문은 뉘른베르크에 있던 마지막 주에 이미 작성해놓았던 것으로 생각된다. '철학사 강의' 외에도 헤겔은 하이델베르크에서 1816~1817년, 1817~1818년 4학기 동안 엔치클로페디, 논리학, 형이상학, 미학 등을 강의했다.

(2) 하이델베르크에서 베를린으로

헤겔이 베를린으로 옮겨간 시기는, 나폴레옹이 결정적으로 권력에서 밀려난 후 봉건 절대주의적인 분산 세력이 추진한 왕정 복고에 대해 '부르주아적인 반대 운동'이 독일에서 급속도로 확산되던 때였다. 이 운동의 중심에는 학생들이 있었고, 해방 진쟁을 통해 부각된 이들의 애국심은 참된 국가 의식으로 변모하고 있었다. '신성 동맹'에 저항해 1815년 6월에 '독일 대학생조합'이 결성되면서 학생 운동은 절정에 달한다. 나중의 일이지만, 헤겔이 베를린 대학에 부임하고 나서 이 학생 운동의 연장선상에서 사건이 하나 발생한다.

1819년 3월 23일에 예나 대학의 신학생이던 잔트Karl L. Sand가 러시아의 첩자인 코체뷰August von Kotzebue를 네 차례의 단도질로 살해한 사건이 바로 그것이다. 잔트는 이 사건으로 교수형에 처해지는데, 이 일은 1819년 8월 카를스바트 결의 Karlsbad Beschlüsse[63] 이후 학생 운동을 비롯해 부르주아적 저항 운동에 대한 감시와 박해의 빌미를 제공하게 된다. 이처럼 헤겔이 베를린 대학에 부임할 즈음 독일은 그야말로 '보수'와 '진보'의 소용돌이에 휘말려 있었다.

헤겔이 베를린 대학에 교수직을 얻기까지의 과정 역시 그리 순탄치만은 않았다. 그는 이미 1816년 8월에 베를린 대학으로부터 한 차례 거절당한 적이 있었다. 초빙이 기각되었음을 알리는 편지에는 "귀하가 귀하의 학문을 생기 있고도 철저하게 강의할 수 있는 능력이 충분한가에 대한 의문이 다방면에서 제기되었기 때문"에 초빙이 기각되었다는 내용이 적혀 있다.[64] 물론 이 이유가 초빙 기각 사유의 전부는 아니었으며, 당시로서는 헤겔 자신도 이 초빙을 거절할 수밖에 없었다. 왜냐하면 얼마 전에 이미 하이델베르크 대학의 초빙을 수락한 상태였기 때문이다.[65]

그러나 헤겔에게는 하이델베르크보다는 베를린이 학자로서의 포부를 펴기에 더 적절한 곳이었다. 베를린 대학의 교수직은 헤겔에게는 자신의 후기 철학을 완성할 수 있는 놓칠 수 없는 기회였다. 헤겔 외에도 헤겔의 오랜 지기이자 《정신현상학》 간행 이후 한동안 소식이 끊겼던 셸링과 프리스도 베를린 대학 교수직을 희망하던 참이었다. 이런 상황에서 헤겔이 베를린 대학 교수로 취임하는 것을 반기지 않는 사람도 있었는데, 이 점은 베를린 대학 교수 졸거Karl Wilhelm Ferdinand Solger의 다음과 같은 비하 섞인 언급에서도 나타난다.

> 나는 착한 헤겔이 여기서 어떤 인상을 심어줄지 상당히 호기심을 갖고 지켜보고 있었다. 아무도 그에 대해서 말하지 않았다. 왜냐하면 그는 조용하고 근면했었기 때문이다. 아마도 복고주의자들이 원했던 가장 멍청한 추종자 한 사람이 나타났더라면 커다란 소란이 일어났을 것이고, 영혼의 치료와 구제를 받도록 사람들은 학생들을 이 사람의 강의실로 몰아넣었을 것이다.66

당시 셸링과 프리스에 비해 지명도가 약했던 헤겔은 초빙이 기각된 지 1년 남짓 후인 1817년 12월 26일에 문화교육부 장관에 취임한 알텐슈타인Karl Sigmund Franz Altenstein으로부터 공석인 된 피히테의 교수직을 넘겨받을 것을 제의받는다. 알텐슈타인 남작은 슈크만과는 달리 자유주의자이자 부르주아적 개혁가였고, 1840년 사망하기 전까지 프로이센의 교육과 위생청 장관직을 맡아 프로이센의 학문 융성에 심혈을 기울인 사람이다. 그는 헤겔에게 보낸 편지에서 다음과 같이 적고 있다.

공교육 최고의 직위를 맡게 되면서 피히테 교수의 사망으로 인해 공석이 된 철학 교수직을 명예로운 방식으로 충원하는 것이 제게 있어서는 지금 아주 중요한 과제가 되었습니다. 이에 저는 이 편지를 통해 당신이 철학과의 정교수로서 이곳 왕립 대학의 교수직을 수락해주시길 부탁드립니다.[67]

헤겔이 사후에 자신의 부인과 함께 피히테 옆에 묻힌 것을 상기한다면, 헤겔이 이 제의를 흔쾌히 받아들였을 것임을 짐작할 수 있다. 그는 1818년 1월 24일에 이 제의를 수락한다. 3월 16일이 되어서야 공식적으로 초빙을 받은 그는 베를린으로 이주한다고 해도 이미 그해 여름 학기에는 강의하지 못하는 상황이었다. 그런데도 4월에 1817/1818년 겨울 학기와 1818년 여름 학기 베를린 대학의 강의 목록집을 보내줄 것을 요청하면서, 하이델베르크에서 이전부터 알고 지내던 역사학자 빌켄Friedrich Wilken에게, 앞으로 베를린에서 동료가 될 졸거 교수가 1818/1819년 겨울 학기에 어떤 강의를 계획하고 있는지를 문의한다. 소식을 들은 졸거 교수는 겨울 학기에 논리학과 정치학을 강의할 예정임을 헤겔에게 서신을 통해 전한다.[68] 강의 목록에 낼 공고문을 보내라는 문교부의 독촉을 받은 후, 헤겔은 장관에게 7월 17일에 빌켄을 통해 이미 공고문을 보냈다고 답을 한다.[69] 그는 누이인 크리스티아네에게 전하기를, 9월 30일에 베를린에 도착하기를 바란다고 적었다. 하지만 헤겔은 하루 지난 10월의 첫날 베를린에 도착한다.

헤겔은 베를린 대학에서 교수취임 강연을 10월 22일에 했다. 이 강연은 '엔치클로페디 강의' 첫 시간에 행해졌으며, '엔치클로페디'에 대한 강의는 베를린 대학에서의 첫 학기에 '자연법과 시민법 강의'와 함께 행해졌다. '법과 국가에 관한 철학'은 헤겔이 약 13년 동안 베를린에서 활동하던 기간 동안 강의의 중심 주제였다. 헤겔이 하이델베르크에서 〈베를린 대학 교수취임 연설문〉을 작성했는지 아니면 베를린에 와서 3주 만에 작성한 것인지는 알 수 없다. 그러나 이 연설문을 작성할 때 헤겔이 〈하이델베르크 교수취임 연설문〉을 많이 참조했으며 여러 부분을 조금 개작해 그대로 사용하고 있음을 알 수 있다. 남아 있는 유고 원고를 보면, 〈베를린 대학 교수취임 연설문〉에 이어서 헤겔이 '엔치클로페디' 본강의의 주제를 다루고 있다. 그래서 헤겔이 '엔치클로페디' 원고들을 염두에 두고서 교수취임 강연을 진행했음을 알 수 있다. 즉 교수취임 연설문이라는 서론 격의 그의 원고가 원래는 좀 더 폭넓은 부분을 포괄하고 있었다는 점을 고려해야하는 것이다.

〈베를린 대학 교수취임 연설문〉을 좀 더 잘 이해하기 위해서 한 가지 배경적 정황을 덧붙인다면, 헤겔이 교수로 취임할 당시 베를린 대학의 총장으로 있던 슐라이어마허Friedrich

Ernst Daniel Schleiermacher와 헤겔의 관계이다. 이미 헤겔은 베를린 대학에 오기 전부터 종교가 단순히 감정의 차원에만 머물러서는 안 되며 철학적인 개념 파악의 차원으로 고양되어야 함을 강조해왔다. 헤겔의 이러한 입장은 이 연설문에서도 매우 두드러지게 나타나고 있다. 그런데 종교에 대한 헤겔의 이러한 입장은 슐라이어마허의 종교관과는 본래부터 어울릴 수 없는 것이었다. 슐라이어마허는 '감성에 기초한 종교'에 관한 자신의 학설이 헤겔 철학에 의해 심각하게 위협받고 있다고 생각했다. 그래서 슐라이어마허는 이미 1811년 1월 29일 프로이센 아카데미에서 한 자신의 첫 연설에서 '사변 철학'을 학문적 원리로서는 거부해버린 적이 있다. 헤겔이 베를린으로 초빙될 당시에도 슐라이어마허는 헤겔의 초빙을 결코 달가워하지 않았지만, 헤겔보다 더 과격한 프리스가 초빙되는 것보다는 낫다고 생각했기 때문에 마지못해 동의한 것이다. 그리고 헤겔의 취임 후에도 슐라이어마허는 베를린에서 헤겔의 영향력을 무마시키려고 온 힘을 기울였다. 철학적 입장 차이에서 비롯된 두 사람의 갈등은 후에 감정 싸움으로까지 번진다. 슐라이어마허와의 대립 관계를 너무나도 잘 알고 있었던 헤겔도 슐라이어마허와 그의 감성 신학에 대해 자신이 할 수 있는 한 투쟁했다. 헤겔이 〈힌리히의 종교철학에 부친 한 서문Vorrede zu Hinrich's Religionsphilosophie〉(1822)에서 다음과 같이 감성 종교의 본질을 거칠게 비판했을 때 두 사람의 관계는 더욱더 악화되었다.

인간 속의 종교가 단지 느낌에만 기초한다면, 그와 같은 느낌은 의존성 외에 그 이상의 어떤 확실한 규정도 지니지 못할 것이고, 그렇게 된다면 개조차도 최고의 기독교인이 될 수 있을 것이다. 왜냐하면 개가 의존성을 가장 강하게 지니고 있기 때문이다.[70]

이런 원색적인 비판을 받은 슐라이어마허는 헤겔이 베를린 학술원에 들어오지 못하도록 온갖 수단을 동원해 방해함으로써 자기 나름대로 헤겔에게 보복한다. 결국 후에 학술원이 《헤겔 전집》 간행에 지원을 거부하는 사태에까지 이른다. 특히 종교론을 둘러싼 헤겔과 슐라이어마허의 이러한 악연을 염두에 둔다면, 이미 〈베를린 대학 교수취임 연설문〉에서 감정에 기초한 종교를 비판하고 있는 헤겔의 입장이 좀 더 잘 이해될 것이다.

2. 헤겔의 시대 의식과 철학 체계

오늘날도 마찬가지이지만 독일의 대학에서 교수라는 직책은 단순히 지식을 전달하고 가르치는 교사가 아니다. 교수취임 연설문은 단순히 형식적이고 틀에 박힌 겉치레의 인사말이 아니라, 교수로 취임하는 당사자의 사상과 철학을 단적으로 드러내주는, 다시 말하면 그 사람의 사상적 요약문이라고 할 수 있다. 헤겔의 연설문도 예외는 아니다. 헤겔은 두 편의 연설문을 통해 자신의 시대 의식과 현실 파악의 입장을 분명하게 피력하고 있다. 두 연설문에서 공통적으로 드러나는 헤겔의 시대 의식을 간추려보면 다음과 같다.

첫째, 헤겔은 자신의 시대를 새로운 여명의 시대이자 전환기로 보고 있다. 과거의 것이 종결되고 새로운 앞날이 서서히 도래하고 있는 시점, 헤겔은 자신의 시대를 이러한 시점으로 바라보고 있는 것이다. 그리고 이러한 전환기에 독일 민족이 철학의 영역에서 '프로메테우스'와 같은 선구자적 역할을 수행할 것을 역설하고 있다. 자신의 민족에 대한 이러한 자기 평가는 결코 단순한 민족주의나 국수주의적 발상에서 비롯된 것이 아니다. 왜냐하면 객관적으로 보아도, 헤겔이 살았던 18~19세기에 독일은 유럽 어느 나라보다도 사상 분야에서 꽃을 피웠기 때문이다. 헤겔 이전에 독일 사상계를 지배했던 칸트와 피히테, 그리고 대문호인 실러Friedrich von Schiller와 괴테 등, 그 이름을 일일이 열거할 수 없는 낭만주의자들과 시인들, 이들이 짧다면 짧다고 할 수 있는 이 시기에 집중적으로 등장하여 한 시대를 풍미했기에, 헤겔이 내비치고 있는 독일 민족에 대한 자부심은 결코 과한 것이 아니다.

둘째, 헤겔은 진리 그 자체를 개념적으로 용기 있게 파악하기를 요구하고 있다. 이러한 요구를 통해 그는 좁게는 자기 이전의 '반성 철학'에 비판을 가하고 있고, 넓게는 신과 같은 진리를 개인적인 감정이나 사념에만 맡겨두는 '종교'에 비판을 가한다. 그리고 이러한 비판의 맥락에서, 피안과 차안, 무한과 유한, 외적 자연과 내적 자아 사이에 발생하는 모순을 해소함으로써, 조화와 화해를 개념적으로 정립하고자 한다. 그러나 헤겔은 이러한 양자 사이의 모순이 해소되기 위해서는, 우선 모순이 가장 첨예화될 필요가 있다고 주장한다. 이것을 오성과 이성의 관계를 통해 좀 더 구체적으로 살펴보면 다음과 같다.

삶의 분열을 지양하려는 철학의 욕구는, 특수성 속에 처해 있는 반성의 주관성과 이성성 혹은 사변을 매개시키는 정도에 따라 충족될 수 있다.[71] 즉 충분히 매개되면 될수록 삶의 총체성을 회복하려는 욕구 역시 그만큼 충족되는 것이다. 이러한 매개는 오성이나 반성이 어느 정도로 이성이나 사변으로 고양될 수 있는가라는 문제와 직결된다. 즉 오성과 이성, 반성과 사변의 매개는 삶의 총체성 회복을 목표로 하며, 오성의 이성으로의 고양, 반성의 사변으로의 고양을 동반하는 '상승적 매개'이다.

이러한 점을 염두에 두고 헤겔은 '오성에 잠재하는 이성의 작용'을 이야기한다. 헤겔은 오성적 측면과의 투쟁에서 이성이 승리할 수 있는가의 여부는, "이성 자신과 삶의 총체성을 회복시키려는 욕구의 진솔함Ächtheit"[72]에 달려 있다고 한다. 헤겔에 따르면 이성은 오성으로 하여금 오성 자신을 넘어서게 하며 오성 자신의 방식에 따라 전체를 이루도록 추동해나간다. 즉 이성은 객관적 총체성을 산출하도록 오성을 이끈다. 이때 오성은 대립된 제한들을 확고하게 정립시키면서, 이러한 대립적 정립을 무한하게 확장해나간다. 헤겔은 여기서 드러나는 반성이 단지 오성적인 것처럼 보일 수도 있지만, '필연적인 총체성으로 이끄는 작용은 이성의 몫이자 비밀스러운 작용'이라고 주장한다. 헤겔에 따르면 그 이유는 이성이 오성을 '무제한적인 것'으로 만듦으로써, 오성과 그 객관적 세계가 무한한 풍부함 속에서 몰락하기 때문이다.[73] 그래서 오성을 무제한적인 것으로 만들고, 오성의 대립을 무화시키는 이성은 '부정적인 절대자', '절대적 부정 행위'이자, 동시에 '대립적인 객관적 총체성과 주관적 총체성을 정립시키는 힘'으로 등장하는 것이다.[74]

좀 더 논리적인 면에서 유한자와 무한자의 대립을 예로 들어보자. "오성이 유한자와 무한자라는 이 대립자를 고착화함으로써 양자는 동시에 서로 대립적으로 존립하게 되는데, 이렇게 함으로써 오성은 자기 스스로를 파괴하게 된다. 왜냐하면 유한자와 무한자의 대립은 그들 중 하나가 정립될 경우 다른 것은 지양되어버린다는 의미를 지니기 때문이다. 이성은 이러한 사실을 인식함으로써 오성 자체를 지양한다. 그래서 오성의 정립 행위는 이성에게는 비정립 행위로서, 오성의 산물들은 부정으로서 나타나게 된다."[75] 오성이 대립을 고착화한다는 것은, 대립하는 양편에 각기 절대적 독립성을 인정해 준다는 뜻이다. 여기서 한 편의 독립성을 인정한다는 것은 다른 편의 부정을 초래하고, 그 역도 마찬가지이다. 따라서 대립자를 고립시키고 절대화하는 오성의 입장 자체에서 이러한 오성의 입장이 더 이상 성립될 수 없는, 다시 말해 오성 자신이 지양될 수밖에 없는 부정성이 발생하는 것이다. 이성의 부정성은 이와 같은 오성의 "자기 파괴의 법칙"[76]에서 비롯한다. 이 점에서 사변으로서 그의 소임을 다하는 반성은 '하나의 과정ein Prozeß'으로 파악될 수 있다. 이 과정은 오성의 자기 부정을 통해서 오성이 이성으로 고양되는 도정이라고 할 수 있다.[77] 이 과정이 지양하는 목표가 바로 절대자이기 때문에, 헤겔은 '절대자와 관계를 맺는 반성'을 이성이라고 표현한다. 그런데 이 과정의 끝에서 도달될 수 있는 절대자는 추상에 의해 가정되는 '순수한 동일성'이 아니라 대립을 대립 자체 속에서 지양하고 자신 속에 포괄하는 '절대적 동일성'이다.[78] 절대자에게로 향하는 과정은 반성에 의해서 대립의 산출과 지양이 점차적으로 반복되는 과정이며, 아직 절대적 동일성이 획득되지 못한 끊임없는 분열과 지양의 과정이다. 즉 주어진 분열의 우연성에서 등장하는 고립된 반성의 규정들은 절대자에 이르는 자기 지양의 과정 속에서 부단히 현상한다. 그러나 최종 목표인 절대자는 더 이상 그것을 도출한 과정의 피안에 머물러 있지 않다. 절대적 동일성은 수많은 차이의 계기를 자신 속에 포괄하고 있다. 이 점에서 이제 '반성 밖의 존재'인 절대자의 직관에 대한 요청 대신, '직관과 반성의 종합'에 대한 요청이 등장하게 되는 것이다.[79]

분열이 철학에 대한 욕구의 원천이라고 했으므로, 분열된 대립자를 통합하려는 철학의 욕구는 극단적 분열 상황에서 발생한다. 분열은 반성 때문에 발생하고 반성의 결과가 곧 분열의 지양이다. 극단화된 분열, 최상의 분열 상태, 대립의 총체성이 완전하게 된 상태에서야 비로소 고립된 계기 자체 내에서 그 계기가 지양될 수 있는 '부정성'이 발생한다. 이 부정성이 발생하는 지점은 의식이 오성의 단계에서 이성의 단계로 고양되는 지점이기도 하다. 그래서 헤겔은 다음과 같이 주장한다.

> 필연적인 분열은, 영원히 대립적으로 스스로를 형성해나가는 삶의 한 요소ein Faktor des Lebens이며, 최상의 생명성 속에 있으려면 총체성은 최고의 분열 상태에서 회복됨으로써만 가능하다.[80]

마지막으로, 헤겔은 보편적 철학하기의 필요성을 역설하고 있다. 여타의 목적이나 학문의 '옹골찬 보편적 실체'로서 철학의 고귀한 사명을 역설하면서, 헤겔은 개인이 자신에게 내재해 있는 이성성을 발현함으로써 아집의 상태에서 벗어나 보편적인 시대정신에 동참할 것을 호소하고 있다. '자기 시대의 아들'인 모든 개인이 자신이 속한 시대를 사유를 통해 파악할 수 있는 방법은 무엇인가? 그것은 개인이 '시대 구속의 상태'와 '시대 초월의 상태' 사이에서, '현존하는 현실로서의 이성'과 '자기의식적 정신으로서의 이성' 사이에서 그 시대를 개념 파악하는 것이다.[81] 시대 구속적인 개인이 자신의 한계를 넘어선다는 것은 개인의 지평을 뛰어넘어 모두가 참여하는 보편적 지평에 참여한다는 것이다. 이러한 의도를 드러낸 헤겔의 대표적인 저서를 꼽자면 《정신현상학》을 들 수 있다. 왜냐하면 이 책은 헤겔의 어느 글에서보다도, 자연적이며 개별적인 의식이 끊임없는 자기 전도를 통해 좀 더 근원적인 경험으로 나아가는 '절망의 길'을 처절하게 보여주고 있기 때문이다. 《정신현상학》에서 헤겔이 주로 비판하는 두 가지 대표적인 입장은 다음과 같다. 하나는 학문에서 유행만을 따르면서 진리를 개념적으로 파악하려 하기보다는 통속적으로 지식만을 쌓아가는 상식적인 "건전한 인간 오성"이며, 다른 하나는 진리로서의 "신의 직접적인 계시"를 주장하면서 그러한 진리를 "감정의 도취"나 "천재적인 신비적 직관"에 의해 포착하려는 태도이다. 전자의 입장과 관련해서 헤겔은 알려져 있는 것을 알려져 있는 것으로 전제하고 그것을 그냥 당연시하고 용인해버리는 것은 "가장 일상적인 자기

기만"이며 "타인을 기만하는 것"이라고 한다.[82]

그리고 특히 후자의 입장을 "인간성의 뿌리Wurzel der Humanität"를 말살하는 태도라고 비판한다. 왜냐하면 헤겔에 따르면 인간성의 뿌리는 타인과의 합일점을 찾는 데 있고, 인간성의 실존은 혼자만 느끼고 깨닫는 사적 감정이 아니라 오직 "의식의 발현된 공공성" 속에만 있으며,[83] 학문은 몇몇 소수의 "비밀스러운 점유물"이 아니라 "만인의 소유물"이기 때문이다.[84] 이런 점에서 의식 자신이 경험이라는 현재에 주목하면서도 동시에 거기에 머물러 고요하게 휴식을 취하지 않고, 자신이 먼저 진리로 파악한 사태의 완전한 전도를 통해 부단히 새로운 경험을 적극적으로 겪어나가는 것도 보편적 철학하기의 시대적 요청에 대한 문제의식에서 비롯되었다고 할 수 있다. 그리고 헤겔은 이러한 시대적 사명을 교수 취임 연설문에서 강조하고 있는 것이다.

그러면 이러한 문제의식을 기초로, 두 연설문의 기저에 깔려 있는 '철학과 역사'의 관계 그리고 '철학과 체계'의 관계에 대해 좀 더 자세히 살펴보자.

(1) 철학과 역사

ㄱ. 철학의 역사를 구상하기까지

헤겔 연구자 중 한 사람인 슈네델바흐Herbert Schnädelbach의 다음과 같은 주장은 매우 설득력이 있다.

헤겔 이후의 역사철학이 처한 이론적 상황은 우선 철저한 회의를 통해 특징지어진다. 이 회의는 대개 '세계사의 철학'이라고 하는 헤겔의 거대한 체계적 시도에 반대하여 비판적인 반론과 숙고의 형식으로 명료화되었으며, 사실상 이것은 역사 일반에 대한 철학적 탐구의 가능성이 직면하고 있던 회의였다.[85]

헤겔은 서양철학사에서 누구보다도 역사를 철학적으로 사유하고 개념 파악하고자 했던 철학자이다. 역사에 주어진 자료만을 가지고는 역사를 철학적으로 사유하고 개념 파악할수 없다. 역사를 철학적으로 사유하기 위해서는, 역사적 사건들을 일관성 있게 연관 지을 수 있는 가능성의 조건에 대한 물음이 있어야 하며, 이 물음은 헤겔적 관점에서 볼 때 오직 이성적인 개념 파악에 근거한 '철학적 토대 세우기'를 통해서만 대답될 수 있다. 따라서 헤겔 사후에 등장한 헤겔의 철학적 입장에 대한 반론들은 '역사 일반에 대한 보편적인 철학적 탐구 자체가 가능한가'라는 회의적 물음에서 출발한다고 볼 수 있다. 예를 들어 딜타이Wilhelm Dilthey는 '역사이성 비판'이라는 기획하에 헤겔의 철학사 파악에 대해 다음과 같이 이야기한다.

헤겔적인 체계 시도에서 발생한 철학사를 기술하는 불쾌한 방식은, 이러한 종류의 작업들을 항상 이 체계 시도에 따라 건립되어야 하는 '체계를 위한 예비 작업들'로서만 가치가 있는 것처럼 취급하려 했던 것이다. 무엇보다도 이러한 작업들은 건립되는 체계의 구성 요소들이지만, 점점 더 오랜 기간을 거쳐 스스로를 실재화하는 체계가 되어버린다. 이러한 방식은 철학사를 이미 전제된 개념에 따라 잘못 변종시킴으로써 철학사에서 후진적으로 이미 전제된 개념을 추론하려고 하는 것이다.[86]

이처럼 딜타이는 헤겔이 철학사를 오직 '이념의 자기 전개'만이 서술되는 하나의 지성적 과정으로 만들어버렸으며, 철학 자체를 변종시킬 수밖에 없는 일종의 철학사를 기술했다고 불만을 토로한다. 왜냐하면 헤겔에 의해서 다양한 철학 사상들이 단지 헤겔 자신의 체계를 위한 재료나 예비 과정으로만 해석되고 그 자체로 다루어지지 않았다고 딜타이는 생각하기 때문이다. 이러한 비판은 독일의 해석학자 가다머 Hans-Georg Gadamer에게까지 이어진다. 딜타이와 유사한 맥락에서 가다머는 '역사'를 '철학의 절대적 자기의식' 가운데서 파악된 것으로 보고 그것을 역사에 적용한 '헤겔의 방법'

이 해석학적 경험의 개방성에서 볼 때 정당하지 않다고 주장한다. 즉 철학사를 철학적으로 개념 파악한 헤겔의 업적은 철학사에 대한 오늘날의 해석학적 태도에 대해 진리의 '전승(傳承)'으로서 하나의 범례적인 모델이 될 수는 있지만, 그렇다고 그것을 우리가 단순하게 이어받아서는 안 된다는 것이 가다머의 입장이다.[87] 가다머에 따르면 전통과 현재의 '지평 융합'과 더불어, 시대적이며 역사적인 주변 조건의 변화에 맞게 해석학적 경험은 항상 미래에 대한 '열린 지평'을 전제해야 하는 것이다. 이러한 비판은 헤겔의 역사관에 내재한 '목적론적인 발전과 체계적인 종결'에 비판의 초점을 맞추고 있다.

청년기에 헤겔은 '종교'에 주로 관심을 가지고 있었다고 전해지지만, 김나지움의 학생 시절부터 종교 외에도 '역사'와 역사의 '실천적 측면'에 매우 깊은 관심을 보였다. 헤겔은 일기장에다 다음과 같이 적고 있다.

이미 오랫동안 무엇이 실용적인 역사인지를 생각해보았다…실용적인 역사란 우리가 사실뿐만 아니라 어떤 위대한 인간이나 어떤 민족 전체의 성격과 그 민족의 인륜, 풍속, 종교 등도 아울러 설명하고, 이러한 요소들의 다양한 변화와 그러한 요소들에 나타나는 다른 민족과의 차이점을 발전시키고, 위대한 제국의 우연과 발흥의 흔적을 좇고, 이러저러한 사건과 국가의 변화가 어떤 민족의 헌법과 민족성 등에 어떠한 영향을

미쳤는지 보여줄 때 존재한다고 믿는다.[88]

　여기서 청년 헤겔은 역사를 '각각의 개별적인 사건, 주관적인 자의, 통치자의 성공과 실패의 단순한 연속'일 뿐이라고 생각하지 않고, 그러한 생각을 넘어서고 있다. 헤겔은 오히려 그런 것에서가 아니라 어떤 위대한 인물이나 어느 민족 전체의 성격과 인류 등에서 '역사의 원동력'을 찾으려는 것이다.[89] 그런데 이러한 헤겔의 문제의식이 하나의 '철학적 이론'으로 자리 잡으면서 동시에 그의 '체계'와 밀접한 연관성을 가지게 되는 것은 예나 후기, 즉 1805년 이후로 보인다.[90] 헤겔은 《피히테와 셸링 철학 체계의 차이*Differenz des Fichte' schen und Schelling' schen Systems der Philosophie*》(1801)에서 '철학적 체계의 역사적 관점'[91]에 대해 언급하고는 있지만, 아직까지 자기 이전의 여러 가지 철학적 이론들을 헤겔 자신을 '정점'으로 하는 '예비 과정'으로 생각하지는 않고 있다. 그리고 후기처럼 철학사의 점진적인 '발전'에 대한 인식도 주장하지 않으며, 자신의 체계 기획이 여러 가지 철학 이론들이 지향하는 역사적 과정의 '최종 목표'라고 주장하지도 않는다. 1801/1802년 겨울 학기 예나에서 행한 '논리학과 형이상학 강의'에서도, 헤겔은 자신이 형이상학에서 어떤 새로운 것을 제시하려는 것이 아니라, 단지 '가장 오래된 옛것'을 복원하면서도 이 옛것을 근대의 동시대인들이 저지르고 있는 오해에서 해방시킬 것이라고 말하고 있다.[92] 이러한 언급들을 토대로 보자면, 헤겔이 후기와는 달리 예나 초기까지는 철학의 역사에 등장하는 학설들을 하나의 '이념'으로 체계화하는 '역사적이며 목적론적인 어떤 진보'도 가정하지 않고 있다고 생각된다. 아마도 이 시기에 헤겔은 헤라클레이토스의 '하나이자 전체' 또는 파르메니데스의 '존재하는 일자(一者)'를 염두에 두고, 그 속에서 범신론적으로는 스피노자와, 동일 철학적으로는 셸링과 마찬가지로 '유일 실체'라는 형태를 모색하고 있었던 것으로 보인다.[93]

1805/1806년 예나 강의에서부터 비로소 철학사에 관한 이론을 발전시키는데, 후에 이 강의 원고들은 베를린 시기에 이르기까지 헤겔의 '철학사 강의'의 토대가 된다. 이 시기에는 이전에는 보이지 않았던 '세 가지 발전 과정'이 가시화된다. 첫째, 헤겔은 이 시기부터 스스로 그 독자성과 탁월함을 분명하게 확신한 하나의 '체계'를 구체화한다. 둘째, 이 시기에 헤겔은 본격적으로 변증법을 구상하게 되는데, 여기서 변증법은 개념 운동으로서의 '모순'과 '규정적 부정'을 수단으로 '논리적이며 역사적인 과정'을 함께 통일적으로 파악할수 있는 토대를 마련한다. 마지막으로 헤겔은 이전과는 달리 '절대적 주체성의 형이상학'을 '스피노자적인 유일 실체 형이상학'[94]의 극복으로 제시한다는 것이다. '절대적 주체성의 형이상학'에 따르면, 모든 진정한 사유는 '자기 자신'으로부

터 비롯되며, 타자와 관계를 맺고 이 타자에게서 자신에게로 복귀하면서 '자기 자신을 사유'한다. 이러한 '체계적이며 변증법적인 정초'는 철학사에 내재하는 필연성에 대한 주체성 이론이자 형이상학적 재구성이 된다.[95]

ㄴ. 헤겔이 바라본 철학사

'역사'에는 두 가지 성격이 있다. 하나는 시간의 순서에 따른 일반적 역사이고, 다른 하나는 이성으로 파악된 개념적 역사이다. '그 대상이 무엇이든지 간에 편견 없이 어떤 특수한 관심이나 목적을 앞세우지 않고 있는 그대로' 이야기되는 것이 전자의 의미다. 이에 비해 개념적 역사는 기본적으로 '기술되는 대상을 우리가 어떻게 생각하느냐' 하는 문제와 결부되어 있다. 이럴 경우, 역사는 그것을 바라보는 다양한 관점과 주제 의식에 따라 각기 다르게 해석되고 부각될수 있다. 특히 개별 학문들은 그 주제 의식상 자신들이 다루고자 하는 문제의식과 관점 내에서 역사를 해석하고 정리한다. 수학사가 그렇고 과학사가 그렇다.

그런데 문제는 '철학의 역사'에서 발생한다. 철학 자체가 다양하기 때문에, 철학이 걸어온 길 자체를 어떤 하나의 관점이나 주제 의식에서 파악해내기가 힘들다는 문제가 있다. 여기서 철학과 역사의 관계, 철학사의 의미를 파악하려면, 철학의 성격 규정이 우선되어야 하는 조건이 발생한다. 이

점에서 헤겔은 〈하이델베르크 대학 교수취임 연설문〉을 통해 무엇보다도 철학사를 규정해야 하는 필요성과 '철학사와 철학 자체의 관계'를 설정해야 하는 필연성을 역설하고 있다. 그러면 도대체 철학사, 철학의 역사란 무엇인가?

우선, 철학과 역사라는 말은 서로 어울리는 말인지를 생각해보아야 한다. 헤겔도 《철학사 강의》에서 이것을 우선적으로 의문시하고 있다.

> 철학사를 대하면서 우선 떠오른 생각은, 이 대상 자체[철학사 자체]가 어떤 내적 모순을 안고 있지는 않은가 하는 것이다. 왜냐하면 본래 철학은 불변적이고 영원하며 또한 즉자대자적인 것의 인식을 목적으로 하기 때문이다. 철학이 목표로 하는 것은 절대불변의 진리이다. 그런데 철학의 역사 속에 등장하는 것은, 어느 시대에는 존재했다가도 또 다른 시대에는 사라져버리면서 다른 사상에 의해 대체되곤 한다. 그러나 진리는 영원하다는 기조 위에서 본다면 결코 진리란 한시적인 영역에 속할 수는 없으니, 결국 이런 점에서 진리는 역사와 함께할 수 없다.96

역사는 시간적 흐름에 따른 사건의 연속이고, 이에 비해 철학은 시공적 한계를 초월하는 보편적 진리를 추구한다는 점에서, 양자는 상반되는 성격을 지닌다. 철학의 역사 속에 등장한 철학적 사상들도 사건이나 사실들의 연속이라는 관점에서만 보면 단순히 지나가버린 사상적 편린에 불과할 수도 있다. 그런데 이처럼 철학의 역사가 아주 다양한 사상적 편린의 연속일 뿐이라면, 철학사를 관통하는 '보편적 진리'를 이야기할 수 없다는 문제가 발생한다. 그리고 이것은 철학의 역사를 철학적으로 다루지 못하는 결과에 이르게 된다. 이런 점에서 "진리를 향한 객관적 학문이자 진리의 필연성을 추구하는 학문이며, 동시에 개념적 인식을 위한 학문"[97]인 철학의 역사를 살펴본다는 것은 특별한 중요성을 지닌다.

일차적으로 헤겔이 보기에, 철학의 역사는 그냥 시간의 흐름에 따라 흘러온 개별 사건들의 발생사가 아니다. "철학의 역사는 사상의 자기 발견의 역사"[98]이다. 표면적으로 보자면, 철학사는 다른 역사와는 달리 '철학'이 철학 자신의 역사를 다룬다. 헤겔에 따르면 사상Gedanken은 '자기 자신을 대상으로 삼는 사유'로서 절대적이며 영원하다. 헤겔은 사상의 본질에 대해 다음과 같이 말한다.

사상은 스스로를 산출함으로써만 자신을 발견하며, 스스로를 발견함으로써만 실존하며 현실적으로 존재한다.[99]

사상이 시간 속에서 현실적으로 존재하는 구체적 모습, 그것도 사상 자체를 중심에 놓고 진행되어온 실존적 모습이 철학의 역사이다. 그래서 철학이 개념 파악과 사유를 토대로 한다고 할 때, 철학의 역사는 실존하는 '사상의 구체적 현상들'을 사상이 재발견하고, 현상에 내재한 사상을 재발견함으로써 반대로 사상 자신을 현실적으로 존재하게 하는 과정이다. 여기서 우리는 이 사상을 정신Geist이나 이념Idee이라는 말로 대체할 수도 있다. 따라서 헤겔의 관점에서 철학사는 정신이나 이념의 '자기 전개 과정'과 '자기 복귀 과정'이라는 큰 틀로 짜이는 것이다.

> 정신의 발전 과정은 자기 초월의 과정이자 자신을 전개시키는 과정이며 동시에 자기에게 되돌아오는 과정이다.100

> 정신이 자기를 지켜나가면서 또한 자기 자신에게 복귀하는 것이야말로 정신이 다다르고자 하는 최고의 절대적 목표라고 할 수 있다. 정신은 이것 외에 다른 것을 바라지 않는다. 천상이나 지상에서 벌어지는 모든 것, 즉 신의 생명이나 시간적으로 유한한 현세에서 벌어지는 모든 현상은, 오직 정신이 자기를 인식하고 자기 자신을 대상화하여 다시 자기를 발견하고 지각하는 가운데 자기와 스스로 합일되도록 하는 노력의 결과일 뿐이다.101

이처럼 철학의 역사도 정신이 자기 초월하고 자기 전개하며 그러고는 다시 자기에게로 복귀하는 과정 속에서 파악되어야 하며, 이 과정이 바로 정신이 원하는 최고의 목적이기도 하다. 그것이 신이건 유한한 세계이건, 헤겔은 정신의 이러한 과정으로 모든 사태들이 전개되고 서술될 수 있다고 본다. 이런 관점에서 보면, 철학사도 "단지 과거에 육체적으로 사멸한 개인의 왕국인 것만이 아니라, 동시에 각 철학이 또 다른 철학을 사멸시키고 매장하면서 그 자신도 부정당하여 정신적으로 과거의 것이 되어버린 그러한 철학 체계의 왕국"[102]으로 파악된다. 그리고 철학사를 이해한다는 것은 단순히 이전의 철학자들이 말한 바를 말 그대로 받아들이는 것이 아니라, 그 언명들이 지닌 근원적 의미를 파악하는 것을 뜻한다. 그러한 언명에 담겨 있는 역사적으로 선행한 문제들을 비판적이면서도 생산적으로 함께 더욱더 생각해보는 사람들만이 이 근원적 의미를 파악하는 데 동참할 수 있다. 이 점에서 헤겔은 '전통'을 중시한다. 과거로서의 역사는 어찌 보면 우리의 현실과는 동떨어진 것처럼 보이기도 한다. 그러나 헤겔에 따르면 '우리가 우리인 바로 존재하는 것' 자체가 역사적인 성격을 지닌다.[103] 즉 우리가 역사적으로 존재한다는 사실과 떼려야 뗄 수 없는 '초역사적인 불변적 진리'가 현재 우리의 모습 속에 담겨 있다는 것이다. 이런 점에서 보면 다른 모든 분야와 마찬가지로 학문이나 철학의 현재 또한 전통에 힘입은 것이라고 할 수 있다. 여기서 '전통'은 '유한하며 과거지사가 되어버린 것들을 성스러운 사슬로 휘감아서 이전의 세계가 이루어냈던 것을 현재의 우리에게 보존시켜주고 또 전승되도록 하는 힘'을 지닌 것이다. 그러나 전통은 충실하게 보존되어 후대에게 원래 그대로 넘겨지는 '부동의 조각품'이 아니라 '거센 물줄기'와 같은 것으로서, 전통의 내용을 형성하는 보편적 정신이 이 물줄기 속에 녹아 있다.[104] 그리고 헤겔은 전통 속에 생동하는 이 '보편적 정신'이 철학사에서 다루어야 할 중심적인 것이라고 한다.

또한 헤겔에게 있어서 철학사는 인간의 자유가 확대되어 온 과정을 다양한 사상의 형식들의 발전 과정을 통해 보여주는 것이기도 하다. 그래서 철학사에 등장하는 수많은 철학체계들의 상이성은 철학 자체에 결코 해로운 것이 아니라 꼭 필요한 것이다. 그리고 상이하게 등장하는 여러 철학적 입장들에 그대로 머물지 않고, 발전적으로 그것과 대결을 벌이면서 진행되어나가는 것, 이것이 곧 철학사인 것이다. 상이한 철학적 입장들은 다양하면서도 동시에 그 속에는 단 하나의 이념이 깃들어 있어야 한다. 이 점을 헤겔은 이해를 돕기 위해 종종 생명을 가진 유기체에 비유하기도 한다.

철학적 이념의 발전적 전개는 어떤 타자로의 변화나 이행이 아니라 자기 내면으로의 몰입이며, 또한 자기 내면으로의 심화이다…철학의 형성은 이 이념의 발전 자체를 통하여 가다듬어지거니와, 마치 생동하는 개체 속에서 하나의 생명, 한 줄기 맥박이 모든 부분 마디마디에 고동치듯이 하나의 이념이 체계 전체와, 또한 그 모든 부분에 깃들어 있다. 그 속에 생명력을 지닌 모든 부분과 이 부분의 체계화는 곧 하나의 이념에서 발단된 것이므로, 그 밖의 어떤 특수한 부분도 모두가 다만 이념의 활력에서 비쳐지는 반영이며 모사일 뿐이다.105

헤겔이 식물의 비유를 통해 설명하듯이,106 성장하는 나무는 씨앗의 반박Widerlegung이며 꽃은 잎의 반박이고, 열매는 꽃의 반박이다. 이처럼 상이한 시간적 국면을 지닌 유기적인 발전은 역사에서 정신적 발전을 상징하는 것이다. 반박이라는 용어의 배경으로 우리는 고대의 논박술Elenchos을 거론할 수 있는데, 이 용어는 정신적인 관계, 특히 이전 철학과 이후 철학의 정신적인 관계를 나타낸다. 이 반박은 단순히 부정적인 것만은 아니며, 부정된 것의 내용을 새로운 연관 속에서 유지하는 '규정적 부정'으로 이해해야 한다고 헤겔은 주장한다.107

따라서 헤겔에 따르면 엄밀한 의미에서 시간 속에서 발생한 개별 사건으로서의 철학 체계나 사상 간의 발전적이며 필연적인 연관 관계에 주목할 때, 비로소 철학사의 의미가 개념 파악될 수 있다. 시간 속에서 발생한 크고 작은 모든 사상적 편린을 집합적으로 한데 묶어놓은 정보 전달의 자료가 아니라, 그것들 간의 필연적 연관성을 통해서 철학의 전체적 이념과 개별 철학 사상들 간의 자리매김이 개념적으로 명확해질 때, 그것을 철학사라 부를 수 있는 것이다.

그런데 진보적 발전 개념에 토대를 둔 이러한 헤겔의 입장은 특히 마르크시즘의 관점에서 '관념론적인 한계'를 지닌 것으로 강하게 비판을 받기도 했다. 예를 들면 유물론적 철학사가인 사베티Antonio Sabetti는 헤겔이 철학사의 변증법적 과정을 절대적 이념의 발전으로 파악함으로써 신비화해버렸으며, 역사를 절대자 속에 자리매김함으로써 인간과 실재를 분리해버렸다고 비판한다. 사베티에 따르면 실제 역사 과정에서 나타나는 경제적, 사회적, 문화적 요소들이 철학사의 토대인데, 헤겔은 이 요소들을 구체적으로 파악하지 않고 선험적으로 세계정신의 현상으로 간주해버렸다는 것이다.[108] 유물론적인 헤겔 연구가인 말로니Heinz Malorny도 철학사의 발전은 인류사의 사회적 투쟁들에 토대를 두는 것이라고 주장하면서 헤겔의 역사주의를 관념론이라고 비판한다.[109]

ㄷ. 논리적 개념 전개와 철학사

이처럼 헤겔의 철학사 논의에서, 그가 철학을 발전적 관점에서 바라보고 있음이 드러난다. 이러한 관점은 철학사 이전에 그것의 사변적 근거가 되는 논리적 범주들의 전개 과정을 전제로 하는 것이다. 헤겔은 《철학사 강의》에서 다음과 같이 말하고 있다.

이러한 이념을 바탕으로 감히 내가 주장하고자 하는 것은, 철학 체계가 역사 속에 나타나는 시간적인 순서는 바로 이 이념에 대한 개념 규정이

논리적으로 연역·도출되어가는 순서와 같다는 것이다. 또한 내가 주장하고자 하는 것은, 만약 철학사에 나타나는 갖가지 체계의 근본 개념으로부터 그 체계의 외면적인 형태나 특수한 문제들에 체계가 적용된 사례를 전적으로 배제하면, 이것은 바로 이념 자체를 규정하는 논리적 개념의 서로 다른 진전 단계를 나타내준다는 것이다. 역으로 이와 같은 개념의 논리적 전개 그 자체를 놓고 보면, 이는 곧 역사상에 등장한 갖가지 철학 체계의 전개 과정이다.110

사실상 이러한 주장은 사변 논리학에 등장하는 범주 순서를 절대적으로 타당한 것으로 전제하고 있다. 그리고 이를 통해 헤겔의 철학사에 관한 이론도 불변적인 성격을 지니게 되며, 특정한 전제들을 고수하는 모습을 보이게 된다. 예를 들어 소크라테스Socrates 이전의 철학자들로부터 후기 플라톤Platon에 이르는 그리스의 존재론과 형이상학의 입장들이 나타나는 순서는 헤겔의 이론에 따르면 원리적으로 사변 논리학의 '질적 존재 범주'의 순서와 동일한 것이다. 이와 같은 자기 주장을 정당화하기 위해 헤겔은 헤라클레이토스 철학보다 파르메니데스 철학을 먼저 시작된 것으로 보고 있기도 하다. 헤겔이 이렇게 순서를 잡고자 하는 이유는, 그가 파르메니데스 철학의 원리를 '시원적이며 순수하고 자기 자신과 동등하며 더 많은 규정들을 결여한 존재'라고 해석하기 때문이다. 그는 파르메니데스 철학의 원리를《대논리학》에서 자신의 존재 범주의 의미로 해석하고, 파르메니데스가 주장한 존재는 무매개적이며 단순하고 순수하며 공허한 직관에서 비롯된 것이라고 본다. 이에 비해 헤라클레이토스는 절대자와 진리 자체를 변증법적으로 '변화'와 '운동'으로 파악했으며 범주적으로는 '생성Werden'으로 파악했다는 것이다. 그러나 엘레아학파의 사유와 헤라클레이토스의 사유가 지니는 연관과 변증법의 발전을 이렇게 구성하는 것은 '실재적인 역사적 진행 과정'에는 맞지 않다.[111]

이처럼 '논리적 개념의 전개 과정'과 '철학사의 전개 과정'을 동일한 흐름에서 보는 헤겔의 관점은 가장 강하게 비판을 받은 만큼, 동시에 핵심적 내용 중 하나라고 할 수 있다. 일차적으로 사변 논리학의 범주 순서가 철학사에 등장하는 개별 사상의 전개 과정과 대등한 관계에서 비교 가능하다는 헤겔의 주장은, 헤겔의 논리학에서 부분적으로 확인은 될 수 있으나 완전하게 증명되기는 힘들다. 여러 비판 가운데, 예를 들자면 고대 철학 전문가인 젤러Eduard Zeller와 철학사가인 슈벵글러Friedrich Karl Albert Schwegler는 헤겔이 역사적인 순서와 논리적인 순서를 등치시킨 것은 부적절하다고 비판하면서, 특히 역사적 발전은 헤겔이 주장한 바처럼 '추상적이며 공허한 원리'에서 시작하는 것이 아니라, 소크라테스 이전의 철학자들이 제시한 것처럼 구체적인 원리들을 통해 시작한다고 주장한다. 헤겔 논리학에 대한 주요 비판가인 트렌

델렌부르크Friedrich A. Trendelenburg의 문하생인 큄Andreas L. Kym도 마찬가지로 '철학사의 발전은 추상적인 것에서 구체적인 것으로 운동한다'는 헤겔의 주장이 설득력이 없다고 비판한다.112 그런데 이미 헤겔도 《철학사 강의》에서 이를 의식하고서, 앞의 인용문에 이어서 다음과 같이 적고 있다.

> 그러나 또 다른 면에서 보면 역사가 전개되는 시간적인 순서와 개념 체계의 순서는 서로 어긋나는 면이 있는 것도 사실이다.113

헤겔에 따르면, 역사적인 진행 자체가 논리적인 진행에서 벗어날 수는 있다. 그러나 중요한 특징에 있어서는 논리적인 진행 과정과의 상호 일치를 유지하는 경우에만 예외적인 경우들도 가능하다. 정신은 스스로를 순수한 의미에서 이념으로 파악하는데, 이 이념은 단순히 사유되는 것만이 아니라 '자기 자신을 사유하는 자'이다. 따라서 헤겔에 의하면 제한이나 외적인 것이 없이 이렇게 '자기 자신을 사유하며 인식하는 것'은 본래적인 최상의 학문이다. 사변 논리학이 이러한 학문의 관념적인 구성 요소들을 단계적으로 '이념의 자기 인식'에 이르기까지 변증법적으로 보여주는 것처럼, 철학사도 마찬가지로 변증법적으로 이 요소들의 시간적인 생성 과정을 보여준다.114 그렇다면 왜 논리적인 진행 과정과 역사적인 진행 과정은 서로 어긋나는 것인가? 헤겔은 논리적인 진행 과정과 시간적인 진행 과정의 어긋남을 '우연에 대한 학설'에서 전개했다.

헤겔은 '우연성Zufälligkeit'을 《대논리학》의 '본질론' 중 현실성Wirklichkeit에 관한 부분에서 서술하고 있다. 이 서술에 따르면, "우연성은 가능성Möglichkeit과 현실성의 통일이다."[115] 즉 모든 가능한 것들 중에 어떤 하나가 현실화되는 상황은 전적으로 우연적이다. 즉 이 어떤 것이 현실적으로 가능한 만큼, 이 어떤 것의 반대도 똑같이 현실적으로 가능하다. 이 경우 이 어떤 것은 필연성을 지니지 못하고 우연성을 지니고 있다고 할 수 있다. 그러나 헤겔에 의하면 제한된 내용을 지닌 이 우연적인 것은 대립적인 두 가능성의 기초를 형성하는 '참으로 필연적인 것' 내에서 정립된다. 어떤 가능한 것이 현실화될 때, 이 어떤 것은 우연적이라는 점에서 근거가 없기도 하지만, 일단 현실화되었다는 점에서 근거를 지니기도 한다.[116] 이렇게 우연적인 것에 대해 근거의 역할을 하는 '참으로 절대적이며 필연적인 것'은 '신적인 유일 실체'로 드러나며, 이 실체는 좀 더 고차적인 발전 속에 있는 정신이자 세계정신의 역사 속에 머물고 있는 것으로 드러난다. 그래서 역사 속에서 발생하는 사건들과 철학사에 등장하는 원리들도 필연적이며, 세계정신이나 절대정신이 자기 자신에게 연속적으로 도달하는 과정을 그리고 있는 사건과 원리의 순서도 필연적이다. 사건과 사상 그리고 출현하는 학설의 시간적 순서는 우연적인 것으로서 그것에 반대되는 것을 허용할 수도 있지만, 그렇다고 이것이 실재적인 정신이 자기 자신에게 도달하는 필연적인 과정을 방해할 수는 없다.[117]

또한 추상적인 것에서 구체적인 것으로의 발전 과정으로 철학사를 바라보는 헤겔의 시각이 정당한가에 관련되는 문제는, '추상성'과 '구체성'을 어떻게 해석하느냐에 달려 있다고 할 수 있다. 왜 헤겔은 소크라테스 이전의 철학자들이 만물의 근원인 아르케arche로 주장한 요소, 예를 들면 물·불·흙·공기 등을 추상적인 것으로 보고, 철학사의 정점에 있는 근대의 주체성 철학을 좀 더 구체적인 성격을 지닌 것으로 보는가? 헤겔은《철학사 강의》에서 '자연적인 구체자natürliches Konkrete'와 '사상의 구체자Konkrete des Gedankens' 를 구별해야 한다고 주장한다.[118] 헤겔은 '어린아이'와 '어른' 의 비유를 통해 구체성과 추상성을 논한다. 최초의 것을 구체적이라고 본다면, 어린아이는 자연 그대로의 근원적 전체성을 간직하고 있으므로 어른보다 구체적이라고 할 수 있다. 어른은 특정한 목적에 따라서 행동하고 온 심혼을 기울이지 않은 채 자질구레한 추상적인 일거리에 쫓기지만, 어린아이는 온 힘을 쏟아 행동한다. 그런데 이러한 시각은 감정이나 직관이 사유보다 우선한다고 보는 생각에 기초하고 있다. 그러나 헤겔은 보통의 경우에는 감각적 의식이 사상보다 더 구체적이고 내용면에서 가장 풍부한 듯이 여겨지지만, 사실은 보편적인 활동인 사유가 감각보다 더 구체적이라고 주장한다. 자연적인 측면에서가 아니라 사상의 측면에서 보자면, 어린아이는 사상적으로 더없이 추상적이고 빈곤한 존재이며, 반대로 어른은 어린아이보다 더 구체적인 존재이다. 어른이 주로 목적으로 하는 것은 가족을 부양하고 직무를 수행하는 등 보편적인 일을 수행한다. 이러한 일들은 큰 테두리에서 보자면 '객관적이며 유기적인 전체'에 공헌하고 이를 신장시키면서 다스려나간다. 그러나 어린아이의 행동 속에는 단지 유치한 놀이나 자아가 있을 뿐이므로 사상의 측면에서 볼 때 전혀 구체적이지 못한 것이다.

이런 관점을 토대로 헤겔은 시간적으로 최초에 나타난 철학은 가장 빈곤하고 또 가장 추상적이라고 주장한다.[119] 그렇기 때문에 우리는 고대 철학에 대하여 마땅히 요구할 수 있는 것 이상의 개념 내용을 끌어내려고 해서는 안 된다고 헤겔은 경고한다. 예를 들어 철학의 시초를 열었다고 평가받는 탈레스Thales of Miletus의 철학은 본래 유신론인가 무신론인가, 과연 그는 인격신을 섬겼는가 아니면 단지 비인격적인 일반적 존재를 받들었는가 하는 물음은 탈레스 자신에게 적절치 않은 물음이라는 것이다. 특히 지극히 최근에 등장한 '주체성' 개념은 고대 전반을 통해서 도저히 획득될 수 없었던 개념이고, 고대의 어떤 개념보다 훨씬 더 풍부하고 내실 있는 개념이라서, 이 개념을 앞선 시대에 적용하는 것은 잘못되었다고 헤겔은 비판한다. 또한 헤겔은 플라톤 철학에 '주관과 객관의 대립'이라는 모델을 적용하는 사례를 들면서, 철학사적으로 후대에 다듬어진 개념을 이전 시대의 철학자에게 잘못 적용하는 태도를 강하게 비판하기도 한다.

플라톤 시대에는 아직 나타나지 않았던 주관과 객관의 대립 문제에서도 정신의 자각이 미치는 영향은 마찬가지이다. 즉 자아가 자기 내면에서 자립성을 획득하고 자기의 대자적이며 독립적인 위치를 자각하는 것은 플라톤에게는 생소한 것이었다. 그에게서는 인간이 아직 그런 정도로 자기 내면으로 복귀하지 않았을 뿐만 아니라, 아직도 스스로가 자기를 뚜렷이 깨칠 정도로 명확한 위치가 정립되어 있지도 못했다. 물론 주관은 자유로운 개인이긴 했지만, 그것은 다만 공동체와의 통일 속에서만 자기를 아는 것에 불과했다. 말하자면 아테네인은 자기가 자유롭다는 것을 알고 있었고, 로마 시민은 스스로 자유로웠다. 그러나 인간이 자기 실체에 비추어서 즉자대자적으로, 절대적으로 자유로우며, 동시에 이미 인간으로 태어나면서 자유롭다는 것, 오로지 이 개념만이 법의 원천임에도 불구하고, 이에 대해서 플라톤과 아리스토텔레스, 키케로와 로마의 법학자 그 누구도 알지 못했다.[120]

이렇게 주장할 수 있는 이유는, 어떤 면에서 보자면 철학자도 한 시대를 살다 간 '개인'이고, 헤겔의 관점에 따르면 개인은 '그가 속한 민족의 아들이자 세계의 일원'이며, 그 시대

의 보편적 정신을 벗어날 수 없기 때문이다.[121]

ㄹ. 철학사와 철학의 관계

다시 헤겔이 '철학사 강의' 첫 시간에 행한 〈하이델베르크 대학 교수취임 연설문〉에서 가장 중요하게 부각된 문제로 되돌아가보자. 그것은 바로 '철학사와 철학 자체의 관계'를 해명하는 일이다. 이러한 해명에서 헤겔은 심지어 '철학사를 연구하는 일'이 곧 '철학 자체를 연구하는 일'과 동일하다고 주장하기도 한다.[122] 그러나 헤겔에 따르면 눈이 있으되 '이념을 보지 못하는 눈'만 있는 사람은 이러한 주장을 이해할 수 없다. 이들은 철학사조차 무질서하게 쌓여 있는 여러 가지 사건들로만 여길 뿐이다. 따라서 철학사를 관통하는 이념을 이해하고 '철학사가 곧 철학이다'라고 주장하기 위해서는, 철학사를 기술하는 자가 먼저 '철학적 견해'를 지녀야 한다. 헤겔의 철학사적 발전론에 따르면, 최초의 철학적 사유가 가장 추상적인 반면, 가장 뒤늦게, 가장 최근에 등장한 가장 새로운 철학이 가장 발전되고 풍부하며 심오한 철학이라고 할 수 있다. 왜냐하면 이러한 후대의 철학 속에는 과거에 등장했던 모든 것이 보존되어 있기 때문이다. 이 점에서 헤겔은 '최신의 철학이 전체 역사의 거울'[123]이나 마찬가지라고 주장한다. 그런데 이와 같은 주장을 하면서도 헤겔은 철학에서 주장되는 '새로움'이 새롭지 않은 과거의 사상들을 단순히 부정하는 차원에서만 주장된다면, 그것은 곧 통속적인 유행에 따르게 되는 것일 뿐이라고 경고하는 것도 잊지 않고 있다. 헤겔은 다음과 같이 말한다.

> 내가 이 문제를 새삼스럽게 거론하는 이유는 새로운 철학이라느니, 또는 가장 새로운 철학, 그 가운데서도 특히 새로운 철학이라는 말투가 어느덧 아주 익숙해진 별명처럼 되어버렸기 때문이다. 이런 식으로 이름을 붙여놓고 무엇인가에 대해 이야기했다고 생각하는 사람은 주저하지 않고 수많은 철학의 목을 잘라버리거나 아니면 축복을 내리기도 할 것이다…어떤 말짓거리라도 이를 철학인 듯이 내세움으로써 마치 이것이야말로 넘쳐날 정도로 많은 철학 중에서 매일같이 하나의 철학이 어제의 철학을 밀어내버린다는 데 대한 증거라도 되는 것처럼 생각하는 경향이 있기 때문이다.124

'과거의 것'에 비해 단순히 '최근의 것'이라서 어떤 이론을 '새롭다'고 판단할 수도 인정할 수도 없고, 거기에 철학사의 한 자리를 내어줄 수는 더더구나 없음을 헤겔은 강조하고 있는 것이다. 오히려 헤겔은 철학사의 발전 과정을 확신하면서도, 동시에 바로 이 확신 때문에 후대의 철학은 과거의 철학과 단절될 수 없는 '유기적인 관계'를 지닌다고 생각한다. 그리고 이 '유기적 관계'는 과거의 철학을 현재의 우리가 가능한 한 객관적으로 판단해줄 때에만 유지될 수 있다고 주장한다. 이 점에서 헤겔은 다시 '객관적 역사 서술자'의 입장으로 되돌아가는 것처럼 보인다.

우리는 [철학적] 작품에 역사적으로만 접근해야 하며, 우리에게 직접 진술되어 주어진 것만을 그 작품에 속하는 것으로 생각해야 한다…따라서 우리는 [각기 다양한 시대의 철학에 걸맞은] 가장 본연의 단어만을 사용해야 한다. 그리고 여기서 더 발전해나간다는 것은 더 진전된 사상 규정들로서, 이직까지 [우리가 다루고 있는] 그 철학자의 의식에는 속하지 않는 것이다.125

철학사에 등장하는 사상이나 이론, 개념에 대한 해석은 철저히 그것을 진술한 철학자 자신의 입장에서 먼저 설명되고 이해될 필요가 있다. 그렇게 해야만 우리는 그 철학자에 대해 철학사 속에서 그에 응당한 자리매김을 해줄 수 있을 것이다. 그리고 그로부터 전개되는 발전 과정은 사실상 당대의 철학자의 몫이 아니라, 철학사를 해석하는 우리의 몫이다. '과거의 전승'과 '현대적 의미 부여', 이 두 가지 측면에서 헤겔은 다음과 같이 말하기도 한다.

철학은 몽유병ein Somnambulismus이 아니라 깨어 있는 의식wachstes Bewuβtsein이다. 철학이 행하는 것은, 애초에는 단지 실체이자 내적인 본질일 뿐이었던 '즉자적으로 이성적인 것'을 정신의 구덩이Schacht에서 밝은 대낮으로 이끌어내어 의식으로 가져와 알게 하는 것이니, 이것은 연속적인 깨어남ein sukzessives Erwachen이라고 할 수 있다. 따라서 철학이 행한 것들은 단지 이전의 모습으로서 기억의 전당에 모셔져 있는 것만이 아니라, 그것들이 출현한 시대와 마찬가지로 지금도 여전히 생동적이며 현재적인 의미를 지니는 것이다(원리는 지나가버리는 것이 아니다. 오히려 우리는 그 원리 속에서 현재해야만 한다).126

따라서 철학에 있어서 발전을 '본래의 즉자적인 가능태 Ansichsein, potentia, δύναμις'가 '대자적인 현실태Fürsichsein, actus, ἐνέργεια'로 되는 과정으로 보면, 가능적인 것을 현실화되게 하는 원동력은 한편으로는 보편적인 이념이나 정신이지만, 다른 한편으로 인간적인 관점에서 보면 즉자적인 것 속에서 이념의 요소를 개념 파악할 줄 아는 '깨어 있는 의식'인 것이다. 그리고 깨어 있는 의식을 가지고 철학의 역사를 파악할 때에만, 철학사는 깨어 있는 자에게 생동적이며 현재적인 의미를 지닐 수 있다.

이처럼 철학사의 해석은 비판을 위한 비판이 아니라, 생산적이며 창조적인 비판 정신을 기초로 해야 한다. 이것이 어떤 경우에는 이전 철학에 대한 '곡해'로 나타나기도 하고, 어떤 경우에는 근거 없는 '오해'로 나타날 수도 있지만, 그렇다고 철학 하기의 '진솔하고 진지한 태도'에 대한 헤겔적인 요구의 의미가 퇴색하는 것은 결코 아니다. 이 점에서 철학에는 과거지향적 개념 파악만이 속하지 않으며, 동시에 새로운 시기에 새로운 원리가 도래하고 있는 것을 알리는 일이 역사적 소명으로 주어져 있다. 〈하이델베르크 대학 교수취임 연설문〉에서 헤겔이 시대적 전환기에 처해 철학이 해야 할 역할과 사명을 특별히 강조하고 있는 것도, 그리고 우리 시대에도 과거를 통해 미래를 전망하는 철학의 '눈'이 철학의 역사에 다시 주목해야 하는 이유도 여기에 있다. 이 점에서 '결코 철학사는 늙지 않고 현재적 의미를 지니면서 생명을 지닌 것과 관계할 수' 있는 것이다.[127]

(2) 철학과 체계[128]

ㄱ. 철학 체계의 이념

앞서도 언급했듯이 〈베를린 대학 교수취임 연설문〉은 헤겔이 베를린 대학에서 '엔치클로페디' 강의 첫 시간에 행한 것이다. 이 연설문 전반에서 우리는 자신의 철학 체계에 대한 헤겔의 직간접적 언급을 확인할 수 있다. 따라서 이 연설문을 이해하기 위해서는 우선 헤겔의 철학 체계가 지니고 있는 구체적 형태와 의미 등을 살펴보아야 한다. 헤겔은 서양 철학사에서 누구보다도 학문의 체계적 완결성을 중시한 사람으로 알려져 있다. 보통 헤겔의 철학 체계라고 하면《엔치클로페디》를 떠올린다.《엔치클로페디》에서 헤겔은 왜 철학이 체계적 학문이어야 하는가에 대해 다음과 같이 말한다.

> 자유롭고 참다운 사상은 그 자체로 구체적이며 그래서 그것은 이념이
> 고, 자신의 전체적인 보편성에 있어서 이념이거나 절대자이다. 절대자
> 의 학문은 본래 체계이다. 왜냐하면 진리는 구체적이며 자신을 자신 속
> 에서 전개시키며 통일 속으로 총괄하고 유지하며, 총체성으로 존재하는
> 것이기 때문이다…체계가 없는 철학함은 결코 학문적인 철학함이 될 수
> 없다. 게다가 이러한 철학함은 그 자체로 주관적인 감각 방식만을 표현
> 할 뿐만 아니라, 내용에 따라서 보자면 우연적이다. 하나의 내용은 오직
> 전체의 계기로서만 자신의 정당성을 가지며, 그렇지 않다면 그 내용은
> 근거 없는 전제나 주관적 확신에 불과하다.129

헤겔에 따르면 철학은 학문이어야 하고 학문은 체계여야
하므로, 철학에서 학적 체계성 여부는 어떤 문제에 관련된
논의가 철학적이냐 아니냐를 결정짓는 근거가 된다. 이처럼
헤겔에게 있어서 학문의 체계성은 학문의 철학적 성격과 동
일시되며, 그는 학문의 체계를 '엔치클로페디 체계'로 명료
화한다. 그러면 《엔치클로페디》를 중심으로 헤겔의 철학과
체계의 성격을 살펴보기로 하자.

헤겔은 《엔치클로페디》 초판(1817)의 '서문'에서 '내용과
일치하며 유일하게 진실하다고 인정될 수 있는 방법에 의해
철학을 새롭게 개조하는 것'을 자신의 '엔치클로페디적 서

술'이 해야 할 일이라고 주장한다.[130] 그리고 재판(1827) 서문에서는 비록 《엔치클로페디》 전체가 논리학은 아니지만, 《엔치클로페디》에서도 사태의 본성상 '논리적 연관'을 '기초'로 삼을 수밖에 없음을 밝히면서, '학문적 인식의 기초'는 '내적으로 옹골찬 알맹이'이며 '내재적인 이념'이자 이 이념이 '정신 속에서 요동치는 생명성'이라고 한다.[131] 헤겔은 《엔치클로페디》의 서문에서 '철학'과 '철학사'를 비교함으로써 '학문의 이념'에 대해 좀 더 구체적으로 논하고 있다. 헤겔은 철학사를 "철학의 대상인 절대자에 관한 사상을 발견해온 역사"[132]라고 말한다. 헤겔에 따르면 철학사의 전개는 외적인 역사의 형태로 표상되지만, 외적인 역사를 추동하는 것은 절대자로서 '단 하나의 생동하는 정신'이다. 그러므로 철학사는 사실상 유일한 절대자가 발전 단계들을 달리하여 나타난 모습일 뿐이며, 이러한 사정은 '역사적인 외면성'만 벗겨낸다면 철학 그 자체에도 적용될 수 있다.[133] 따라서 '절대자인 이념에 대한 학문', 즉 철학은 '체계'로서만 성립 가능하며, '학적 이념'의 전개 과정이 전체 철학 체계를 이루는 토대가 된다고 할 수 있다.

철학의 각 부분들은 그 자체가 하나의 철학적 전체이며, 스스로를 자기 자신 속에서 완결 짓는 원이기도 하다. 그러나 이런 상황에서 보자면 철학적 이념은 특수한 규정이나 계기로 나타나 있다. 개별적인 원은 그것이 그 자체로 총체성이기 때문에 개별자로서의 자신의 계기가 처한 제한을 분쇄하고 더 넓은 영역을 정초한다. 따라서 전체는 원들로 이루어진 하나의 원으로 서술되며, 원 각각은 하나의 필연적인 계기가 됨으로써, 이 원이 지닌 고유한 계기의 체계가 전체적인 이념을 이루게 되는 것이다. 그리고 이 전체적인 이념은 각각의 개별적인 계기 속에서도 마찬가지로 현상하게 된다.[134]

학문의 체계를 추동하는 것이 이념이라면, 이념에 의해 전개된 '학적 체계의 요소 전체'도 사실상 '학문의 이념'과 다르지 않다. 이 점에서 학적 체계의 구체적인 형태인 '철학적 엔치클로페디'는 지식의 단순한 집적에 불과한 개별적 학문의 집합이어서는 안 된다.[135] 또한 "박식이 학문은 아니다".[136] 절대적 이념의 전체적인 전개 과정을 포괄하는 '단 하나의 학문'인 철학, 즉 '학문의 전체'만이 '이념의 서술'이기 때문에, 철학의 구분도 '단 하나의 학문의 이념'으로부터 개념 파악되어야 한다.

헤겔에 따르면 학문의 이념은 '단적으로 자신과 동일한 사유'로 입증된 다음, '자기 스스로 대자적이기 위해 스스로와 대립하고, 마지막으로 스스로와의 대립을 통해 산출된 자신의 타자 속에서도 오직 자기 자신에게만 머무는 활동'이다.[137] 철학 체계를 이루는 각 부분이 원환적 구조를 지니는 것처럼, 이러한 체계 자체를 가능케 하는 학문의 이념도 원환적 구조를 지닌다. 이 이념의 전개 과정과 관련하여 헤겔은 학문이 세 부분으로 구분된다고 한다. 첫째, 즉자대자적인 이념의 학문으로서의 '논리학', 둘째, 자신의 타자 존재 속에 있는 이념의 학문으로서의 '자연철학', 셋째, 자신의 타자 존재로부터 자신에게로 복귀한 이념의 학문으로서의 '정신 철학'이 그것이다. 여기서 헤겔은 이념의 전개 과정에서 드러나는 철학의 체계 역시 고정된 부분으로 이루어진 것이 아니라 각 부분이 그 자체에 있어서 원을 형성하면서도, 좀 더 고차적인 것으로 향하는 '계기적 흐름' 속에 있음을 강조한다.[138] 이와 같은 철학의 부분에 상응하는 철학의 대상에 대해 헤겔은 《엔치클로페디》의 '서론'에서 다음과 같이 언급하고 있다.

> 우선 철학은 종교와 그 대상들을 공유한다. 철학과 종교는 진리를 자신들의 대상으로 삼는데 그것도 최상의 의미에서 그러하다. 즉 신이 진리이고 신만이 진리라는 의미에서 대상으로 삼는 것이다. 더 나아가 철학과 종교는 유한자의 영역인 자연과 인간 정신에 대해서도 다루며, 자연과 정신이 맺는 관계와 이 둘의 진리인 신과 이 둘이 맺는 관계를 다룬다.[139]

이 글에서 보자면 《엔치클로페디》는 절대자인 신과 유한자인 자연 그리고 정신을 대상으로 삼고, '자연과 정신의 관계'와 절대자로서의 로고스가 유한한 자연 그리고 정신과 맺는 관계를 다룬다. 좀 더 정확히 말하자면《엔치클로페디》가 이들을 대상으로 삼아 다룬다기보다는, 이들의 체계적 연관 관계 자체가《엔치클로페디》인 것이다. 헤겔이 철학의 대상으로 언급한 신과 자연 그리고 정신을《엔치클로페디》에 대응시켜본다면, 신은 논리학에, 자연은 자연철학에, 그리고 정신은 정신철학에 대응시킬 수 있다. 그런데 헤겔은 철학의 전체 체계를 구성하는 이러한 흐름을《엔치클로페디》를 끝 맺음하면서 세 가지 추론으로 표현한다. 이 세 가지 추론은 각기 '논리-자연-정신', '자연-정신-논리', '정신-논리-자연'이라고 표현된다. 학문의 이념과 관련시켜보면, 세 가지 추론은 유일한 이념의 전개 과정을 통해 구축되는 철학 체계의 성격을 가장 정형화된 형태로 나타내준다.

ㄴ. 논리, 자연 그리고 정신: 세 가지 추론

세 가지 추론은 각각《엔치클로페디》초판의 §475, §476, §477과 삼판의 §575, §576, §577에 해당한다. 그런데 이 세 가지 추론은 초판에 나왔다가 재판에서는 삭제되며 삼판 (1830)에 다시 나오는데, 초판과 삼판에 등장하는 세 가지 추론의 내용은 몇 가지 표현의 변화를 제외하고는 거의 동일하다. 그런데 왜 헤겔이 재판에서는 이것을 삭제했으며, 삼판에서 다시 집어넣게 되었는가에 대한 헤겔 자신의 해명은 전혀 없다.[140] 이 때문에 세 가지 추론이 좁게는 《엔치클로페디》 내에서, 넓게는 헤겔의 철학 체계 전체에서 어떤 의미를 지니는가에 대해 논란이 일 수밖에 없다.[141] 이 추론의 의미를 살펴보기에 앞서, 세 절 각각에서 헤겔이 이 추론에 대해 언급하고 있는 내용을 간략히 정리해보자.

첫 번째 추론은 '논리적인 것을 출발점으로서 근거로 삼고, 정신을 논리적인 것과 결합시키는 자연을 중간·매사(媒辭)Mitte로 삼는 추론'이다. 헤겔에 따르면 이 추론은 논리적인 것이 자연이 되고 자연은 정신이 되는 '이행의 외적 형식'을 지니며, 이때 학문은 '필연성의 과정의 학문'이기에 오직 한 극단에서만 '개념의 자유'가 '자기 자신과 결합되는 것'으로서 정립된다.[142] 그런데 헤겔은 이 첫 번째 추론의 현상이 두 번째 추론에서는 지양된다고 한다. 두 번째 추론에서는 '정신이 과정의 매개자이며 자연을 전제하고 자연을 논리적인 것과 결합시킨다'. 첫 번째 추론이 '이행의 외적 형식'을 지닌 추론이었다면, 두 번째 추론은 이념 속에서의 '정신적인 반성의 추론'이다. 여기서는 학문이 '주관적 인식'으로 나타나며, 이 주관적 인식의 목적은 '자유'이며 스스로 자유를 산출하는 것 자체가 이 추론이 거치는 도정Weg이 된다.[143] 마지막으로 세 번째 추론은 '철학의 이념'을 나타내는 것으로서, 이 추론은 '스스로를 아는 이성', '절대적인 보편자', 즉 '논리적인 것'을 자신의 중간으로 삼는다. 그리고 이 중간은 곧 스스로를 정신과 자연으로 분열시키며, 전자[정신]를 이념의 주관적 활동의 과정으로서 전제로 삼고, 후자[자연]를 즉자적이며 객관적이며 존재하는 이념의 과정으로서 보편적 극단으로 삼는다.[144] 이 세 번째 추론에서 헤겔은 이념이 두 현상으로 '자신을-근원적으로 분할하는 것Sich-Urteilen'은 이와 같은 두 극단을 '스스로를 아는 이성의 현현들Manifestationen'로 규정하는 것이라고 한다. 헤겔에 따르면 절대적 이념의 지평에서는 사태의 본성이 곧 개념이 되며, 개념은 스스로를 진전시키고 전개시키는 운동을 한다. '즉자대자적으로 영원히 존재하는 이념'이 영원히 스스로를 '절대적 정신'으로서 활동시키고 스스로를 산출하고 향유하게 되는 것이 절대적 이념의 지평인 것이다.[145]

이와 같은 세 가지 추론에 대한 헤겔 자신의 설명은 매우 압축적이면서도 명시적이지 않기 때문에 이해하기 쉽지 않으며, 이해가 힘든 만큼 그에 대한 해석도 다양하다. 세 가지 추론에 관련되는《엔치클로페디》의 절들이 헤겔 연구에서 특별한 주목을 받았음에도 불구하고, 누구나 인정할 수 있는 결과에 도달하지는 못한 상태이다. 세 가지 추론에 관련된 해석의 상이성은 해당되는 절들에 등장하는 자구(字句)에 대한 이해에서 비롯되어 이 세 가지 추론이 과연 헤겔 철학의 전체 구상에서 어떤 역할을 하는가 하는 물음으로까지 이어진다.[146]

헤겔 연구가인 토이니센Michael Theunissen은 세 가지 추론을 완성된 체계와 관련해서 전체 체계의 운동을 되풀이하고 있는 것으로 보고 있다. 그리고 그는 이 철학의 세 가지 추론은 새로운 진리를 해명해주는 것이라기보다는 '계시 종교' 부분에서 등장하는 세 가지 추론에서 고유의 진리성을 지니는 것이라고 주장한다.[147] 그러나 초판의 계시 종교에서는 세 가지 추론에 관한 언급이 없고, 재판에서야 계시 종교에서 추론에 대한 언급이 등장한다.[148] 그런데 역으로 계시 종교에서 추론에 대해 처음으로 언급하고 있는 재판에는 철학의 세 가지 추론이 생략되어 있다. 이 점을 고려한다면, 계시 종교에서 등장하는 것과 철학의 세 가지 추론을 비교하는 관점이 얼마나 정당한지에 의문을 제기할 수도 있다.[149]

헤겔 철학의 체계성에 관한 전문 연구가이기도 한 푼텔 Lourencino B. Puntel은 세 가지 추론에 관련되는 헤겔의 학설에 관한 해석을 '헤겔의 전체 사유를 해석하는 데 가장 중요한 과제'로 보면서, 세 가지 추론은 단순히 《엔치클로페디》에만 한정되는 것이 아니라 그것을 넘어서 '체계 서술의 문제'를 다루고 있다고 한다. 즉 세 가지 추론은 '체계 서술의 세 가지 형태'가 상응하는 '체계 전체의 통일성의 세 가지 방식 또는 형태'[150]이지 단지 '엔치클로페디적인 서술'에 대한 '추가적인 방법론적 반성'이 아니라는 것이다.[151] 그에 따르면 첫 번째 추론은 '체계 전체에 대한 엔치클로페디적인 서술 형태를 강조하는 것'이다. 그런데 푼텔은 이 첫 번째 추론보다 더 해석하기 힘든 두 번째와 세 번째 추론을 《엔치클로페디》를 넘어서는 서술 방식을 나타내는 것으로 보고 있다. 이러한 그의 해석은 헤겔 철학 전체의 체계적 통일을 '논리학', '현상학 Phänomenologie', 그리고 '정신학Noologie'이라는 세 가지 차원의 통일로 보는 푼텔 자신의 관점에 근거하고 있다.

또 다른 헤겔 연구가인 앙게른Emil Angehrn도 세 가지 추론에서 《엔치클로페디》를 종결 짓는 단순히 동어 반복적인 《엔치클로페디》 자체에 대한 고찰'이나 '체계의 반복'이 나타나고 있는 것은 아니라고 본다.[152] 그러나 앙게른은 '전체에 대한 또 다른 더 폭넓은 서술'을 통해서만 《엔치클로페디》의 불충분한 매개 형식이 '참된 사변적 형식'이 될 수 있다[153]고 판단하는 푼텔에 분명히 반대 입장을 취한다. 앙게른은 푼텔처럼 체계 전체의 서술을 위해 《엔치클로페디》를 넘어서는 '새로운 보충적 서술'을 주장한다면, 오히려 이것은 서술 방식의 직접적인 전제성을 탈피하지 못하므로 헤겔의 사변적 정신에 어긋나게 된다고 비판한다.[154] 이러한 관점에서 앙게른은 첫 번째 추론에서만 엔치클로페디적 체계구조가 서술되는 것이 아니라, 오히려 《엔치클로페디》가 온전히 규정되면서 내용적으로 논리와 자연 그리고 정신 간의 진정한 관계가 개념 파악되는 곳이 바로 '세 가지 추론 전체'라고 본다. 이러한 의미에서 두 번째와 세 번째 추론은 첫 번째 추론보다 더 적절하게 《엔치클로페디》의 진리를 나타내며, 《엔치클로페디》의 진리는 체계 밖에서 새롭게 기획되거나 서술되어서는 안 되고 이미 이 체계 내에 있으므로, 헤겔은 그것을 세 가지 추론을 통해 강조하고 명시화하고 있다는 것이다.

이처럼 세 가지 추론에 대한 해석자들의 주장은 헤겔의 철학 체계를 어떤 관점에서 볼 것이냐에 따라 각기 다르다. 그러나 공통되는 점이 하나 있는데, 이는 세 가지 추론에 관련된 헤겔의 논의가 어떤 관점에서건 헤겔의 철학 체계 전체를 해석하는 데 가장 중요하다고 판단한다는 점이다. 그러면 이세 가지 추론은 헤겔의 철학 체계와 관련해서 어떤 중요성을 지니는가? 이 질문은 세 가지 추론 각각의 의미에 대한 물음과 더불어 세 가지 추론 사이의 관계에 대한 물음으로 세분화될 수 있다. 이러한 물음에 답하기 위해서는, 왜 헤겔이 철학 체계의 완결을 추론의 형태를 통해 설명하고 있는가가 무엇보다 우선 해명될 필요가 있다. 그리고 이 물음에 대한 해명은, 앞서 언급한 '단 하나의 학문의 이념'에 기초한 체계의 원환적인 방법론적 관점에서 진행되어야 한다.

ㄷ. 체계의 자기 완결성

헤겔은 《엔치클로페디》의 '논리학'에서 추론을 논하는 자리에서 이미 세 가지 추론에 대해 언급하고 있다. 여기서 헤겔은 '모든 이성적인 것은 하나의 삼중적인 추론ein dreifacher Schluß'으로 증명되는 것이 '추론의 격이 지닌 객관적 의미'라고 하면서, 삼중적인 추론의 각 항은 추론의 양 극단의 위치를 차지할 뿐만 아니라 동시에 매개적 중심의 위치도 차지한다고 주장한다.[155] 그리고 이것은 철학적 학문의 세 지절인 '논리적 이념'과 '자연'과 '정신'에도 동일하게 해당된다고 주장한다. 이렇게 주장하면서 헤겔은 《엔치클로페디》의 마지막 부분에서 등장하는 세 가지 추론에 대한 설명과 유사한 논의를 다음과 같이 펼치고 있다.

첫 번째는 자연이 매개하며 합치를 이루는 항이다. 직접적 총체성으로서 자연은 논리적 이념과 정신이라는 양 항으로 전개된다. 그러나 정신은 자연에 의해 매개됨으로써만 정신인 것이다. 두 번째로 우리가 개별자나 활동자로 아는 정신도 마찬가지로 중간 항이 되며, 자연과 논리적 이념이 양 극단의 항이 된다. 자연 속에서 논리적 이념을 인식하고 자연을 그의 본질에까지 고양시키는 것이 바로 정신이다. 마찬가지로 세 번째로 논리적 이념 자체가 중간 항이 된다. 논리적 이념은 정신과 자연의 절대적 실체이자 보편자이며 모든 것을 관통하며 스며드는 자Alledurchdringende이다. 이러한 전체가 절대적 추론의 항들인 것이다.[156]

헤겔이 추론의 시작 부분이라고 할 수 있는 '질적 추론'에서 보편자, 특수자 그리고 개별자라는 세 개념의 관계를 통해 추론에서 가장 기본이 되는 격Figur을 논하면서 미리《엔치클로페디》의 마지막 부분에서 등장할 세 가지 추론을 고려하고 있다는 것은 주목할 만한 사실이다. 이것은 역으로 '논리-자연-정신'을 축으로 하는 세 가지 추론에 관한 논의가 '추론의 격'에 관한 기본적인 논의를 바탕으로 하고 있음을 반증해주는 것이기도 하다. 따라서 헤겔의 철학 체계에서 세 가지 추론이 지니는 의미를 살펴보기 위해서는 우선 '추론'에 대한 헤겔의 해석을 살펴볼 필요가 있다.

헤겔은 추론을 단순히 주관적인 사유 형식이라고 생각하지 않는다. 그는 "모든 것은 추론이다"[157]라고 주장하면서, 추론이 주관의 영역을 뛰어넘어 좀 더 포괄적인 의미를 지니고 있다고 주장한다. 그에 따르면 추론의 핵심적 본질은 이성 또는 모든 이성적인 것과 일치한다. "추론은 이성적인 것이며 이성적인 것 모두이다.", "추론은 모든 진리의 본질적 근거이다. 그리고 절대자의 정의는 곧 절대자가 추론이라는 것이며, 명제로서 보자면 '모든 것은 하나의 추론이다'라는 규정으로 언표된다."[158] 그렇다고 헤겔이 아리스토텔레스로부터 이어지는 추론의 기본적인 틀을 무시하는 것은 아니다. 오히려 헤겔은 아리스토텔레스의 삼단논법을 형식적 측면에서 충실히 따르고 있다.[159] 헤겔은 '개념과 판단의 통일'로서 추론을 다음과 같이 규정한다.

추론은 판단의 형식적 구별이 환수되어 있는 단순한 동일성으로서 개념
이자, 동시에 실재성과 구별로 정립되어 있는 판단이기도 하다.[160]

추론은 항상 대개념, 중개념(매개념) 그리고 소개념이라는
세 개념을 필요로 하며, 이 개념은 보편자, 특수자, 개별자로
표현될 수도 있다. 이러한 개념의 계기들이 추론 속에서 서
로간에 특정한 관계를 맺는다. 이때 각 계기는 다른 두 계기
와 계기 모두의 공속(共束) 관계를 자체에 포함하게 된다. 이
점을 염두에 둔다면, 추론은 현실의 계기의 매개 상황이 지
니는 원환적 진행 과정을 서술한다고 볼 수 있다. 이 점에 대
해 좀 더 상세히 살펴보자.

우선 형식논리학에서는 '추론의 타당성'과 '결론의 진리
성'이 구별된다.[161] 즉 추론의 타당성이 결론의 진리성을 보
증하지 않는다.[162] 또한 마찬가지로 결론의 진리성도 추론의
타당성에 대해 어떤 보증도 해주지 못한다. 이렇게 되는 이
유는, '형식적이며 주관 속에 있는 타당한 원리'와 '질료적이
며 외적인 실재성과 관련되어 있는 진리의 기준'이 구분되기
때문이다. 옳게 추론을 하는가의 여부는 언어적인 관계에 의
해 결정되는 반면에, 결론이 진리인가의 여부는 현실과의 비
교를 통해 결정된다.

이와 달리 헤겔적인 의미에서 '이성적이며 절대적인 추론'
에서는 '결론의 진리성'이 외적 실재와의 관계 속에서가 아

니라 '추론의 타당성'에 의존해야 한다. 왜냐하면 만일 결론의 진리성이 추론의 타당성에 의존하지 않는다면, 추론의 활동 일반은 외적으로 이미 획득된 어떤 방식의 견해를 추후에 형식화하는 것에 지나지 않게 되며, 그렇게 되면 추론의 활동은 더 이상 진리 그 자체를 추론해내는 이성적 활동이 되지 못할 것이기 때문이다. 이러한 요구에 따르면 모든 이성적 추론은 '추론들로 이루어진 추론ein Schluß von Schlüssen'이 된다. 왜냐하면 '결론의 진리성'이 '추론의 타당성'에 의존한다면 두 전제 역시 당연히 참이어야 하며, 동시에 이 두 전제의 진리도 타당한 추론에서 도출되어야 하기 때문이다. 만일 그렇지 않다면 결론의 진리성은 추론의 형식적 타당성에만 의거해서는 안 되며 전제의 질료적 진리성에도 의거해야 할 것이다. 이러한 추론의 과정이 무한 퇴행이라고 한다면, 결론의 진리성은 그 근거를 추론의 타당성에만 두지 않고 무한 퇴행의 과정에도 두게 된다.[163] 따라서 이러한 무한 퇴행을 피하기 위해서 추론은 하나의 원이어야 하며, 이 원의 가장 단순한 모델이 바로 '세 개의 추론들로 이루어진 추론'인 것이다. 이렇게 되면 '추론의 두 전제'는 그 자체가 각각 '추론의 결론'이 된다. 그리고 후자의 추론에서 다른 전제 각각은 첫 번째 추론의 결론과 함께 새로운 전제를 형성한다.

첫 번째 추론의 결론이 참인 이유는, 다른 두 추론의 결론이 참이기 때문이다. 이와 같은 상황은 두 번째와 세 번째 추론에도 마찬가지로 적용된다. 따라서 세 추론의 차별적인 의미는 추론 과정의 연쇄에서 차별적인 위치를 차지하는 데에서 드러나게 된다. 첫 번째 추론에서는 두 전제의 진리성이 곧바로 전제된다. 이 두 전제의 진리성은 그다음 추론을 통해 비로소 증명되어야 한다. 두 번째 추론에서는 전제 하나의 진리성이 전제되며, 세 번째 추론에서야 비로소 증명되지 않은 어떤 전제도 더 이상 나타나지 않게 된다.[164] 세 번째 추론의 전제의 진리성은 그 자체가 전제를 지니는 추론에 의존한다. 두 번째 추론에서는 첫 번째 추론에서 전제된 전제 중 하나가 증명된다. 그러나 또 다른 전제 하나는 세 번째 추론에 와서야 비로소 증명될 수 있다. 즉 이 전제는 세 번째 추론의 결론이다. 이러한 사실은 세 번째 추론을 완수하는 것이 비로소 전제를 완전히 지양한다는 것을 의미한다. 따라서 세 번째 추론을 완전히 끝내면 결론의 진리성이 증명되는 것이다. 그리고 이러한 완수는 전제를 무전제적인 것으로 만든다. 따라서 추론을 통해 연역된 진리성은 자기 스스로를 증명하는 것임이 밝혀진다.

이러한 과정을 추론의 격이론에 따라 도식화해보면, 다음과 같이 정리해볼 수 있다. 첫 번째 추론을 S1, 두 번째 추론을 S2, 세 번째 추론을 S3이라고 하자. 그리고 각 추론에서 전제와 결론을 이루는 세 가지 개념의 계기를 각각 L, N, G로 표기한다.[165] 그러면 다음과 같이 세 가지 추론이 형성된다.[166]

	S1(L-N-G)	S2(N-G-L)	S3(G-L-N)
전제	N-L G-N	G-L G-N	N-L G-L
결론	G-L	N-L	G-L

S1에서 전제 N-L은 S2의 결론이고, G-N은 S3의 결론이다.
S2에서 전제 G-L은 S1의 결론이고, G-N은 S3의 결론이다.
S3에서 전제 N-L은 S2의 결론이고, G-L은 S1의 결론이다.

여기서 하나의 추론은 다른 두 추론의 결론을 자신의 전제로 삼고 있음이 드러난다. 따라서 S3까지 추론이 완결되면, 세 가지 추론은 '세 개의 추론들로 이루어진 하나의 추론'을 형성하게 되는 것이다.

이와 같은 추론에 대한 기본적인 특징을 염두에 두고, 헤겔의 철학 체계에서 세 가지 추론이 지니는 의미를 살펴보자. 세 가지 추론을 이해하는 데에는 그에 대한 '서론 격의 절'이라 할 수 있는 §574가 많은 도움을 준다. 《대논리학》에서는 논리Logik가 '자연과 유한한 정신의 창조에 앞선 신의 서술'로서, 순수 본질성의 측면이 강조되었던 반면에, 이 절에서는 "자신의 현실인 구체적 내용 속에 보존되어 있는 보편성"[167]이라고 주장된다. 여기서 헤겔은 '보편적인 로고스'와 '로고스가 내재해 있는 현상Erscheinung' 사이의 관계를 통해 세 가지 추론의 논의를 끌어갈 의도를 내비치고 있다.

자연이 중심이 되는 '첫 번째 현상'이 첫 번째 추론을 이룬다. 우선 첫 번째 추론을 '논리-자연-정신'이라는 이행의 외적 형식의 차원에서 보자면《엔치클로페디》의 표면적인 서술형식을 특징짓는 것이라고 볼 수 있다.[168] 이 첫 번째 추론에서 헤겔은 '한 편의 극단에서만', '개념의 자유'가 '개념의 자기 자신과의 결합sein Zusammenschließen mit sich selbst'으로 정립된다고 한다. 이 말은 곧 추론의 다른 극단에서는 개념의 자기 자신과의 결합이 정립되지 않는다는 것을 의미한다. '논리-자연-정신'에서 한 극단은 논리이고 다른 극단은 정신이므로, 한 극단에서만 '개념의 자기동일성'이 확보된다는 것은, '논리-자연-정신'이라는 한 방향의 흐름에서, 논리인 개념의 측면에서 '개념의 자기 자신과의 합치'로서 '개념의 자유'가 직접적으로 정립되어 있을 뿐이며, 유한한 정신의 목적으로서의 자유는 아직 정립되지 않았다는 것을 의미한다. 헤겔에 따르면 이것은 첫 번째 추론의 중간 항에 있는 자연의 본래적 성격 때문이다. 그러므로 논리의 "외화Entäußerung"[169]일 뿐인 자연은 "타자 존재의 형식 속에 있는 이념"[170]으로서 '외면성'을 그 특징으로 한다. 다음과 같은 말은 "자연의 무기력"[171]을 단적으로 드러내는 것이다.

우리가 주관과 객관 사이에 가로놓인 심연을 뛰어넘으려고 하거나 아니면 그렇게 해야 한다면, 우리는 이 자연을 사유하게 된다. 그렇게 되면 우리는 우리와는 다른 것ein Anderes인 자연을 자연과는 다른 것으로 만

들게 된다.172

헤겔에 따르면 자연의 무기력은 자연 자체가 정신적 존재인 우리 인간과는 달리 '사유하지 못한다'는 데 있다. 사실상 《엔치클로페디》의 한 부분을 차지하는 '자연철학'도 로고스의 단순한 외화 또는 부정의 계기로서, 자연에 대한 자연 자신의 서술은 아니다. 자연철학의 사명과 목적은 정신이 자연 속에서 정신 자신의 본질과 개념 그리고 정신 자신의 대응상 Gegenbild을 발견하는 데에 있다.173 이런 점에서 헤겔은 자연에 관한 연구가 곧 자연 속에서 정신을 해방시키는 것이라고 한다. 자연도 즉자적으로는 이성이지만, 정신을 거치고 정신을 통해서만 즉자적인 상태에서 벗어나 이성의 모습을 보일 수 있는 것이다.174 이처럼 자연은 독자적인 실체적 본질을 지니지 못하기 때문에 첫 번째 추론에서 단순히 '통과점'이자 '부정적 계기'로 설정되는 것이다. 즉 비록 자연이 첫 번째 추론의 중심이기는 하지만, 자연은 자신의 타자인 논리와 정신이라는 두 항을 적극적으로 매개할 수 있는 자립자로서 주도적인 역할을 수행할 수 없다. 그러므로 논리와 자연이 전제되고, 논리에서 자연으로, 자연에서 정신으로 진행하는 '이행의 외적 형식만을 보여주는' 첫 번째 추론이 지닌 결함은 정신을 중심으로 삼는 두 번째 추론을 통해 보충되어야 하는 것이다.

정신 자체의 입장이라고 할 수 있는 두 번째 추론에서는 정신이 자연과 논리를 합치시키는 매개자Vermittelndes로 등장한다. 첫 번째 추론에서 중심인 자연은 논리와 정신 사이에 통과점으로 존재할 뿐, 이 둘을 유한한 추상의 두 항으로 분리하거나 이 양자에서 자신을 자립자로 분리하지도 못한다. 그렇기 때문에 헤겔은 첫 번째 추론에서는 자연에게 '매개자'의 역할을 부여하지 않는 것이다. 〈엔치클로페디의 제3부에 관한 메모Notizen zum dritten Teil der Encyklopädie〉에서는 헤겔이 자연을 '매개자'로 표현하고 있고,[175] 초판에서는 자연이 정신을 논리와 '합치시킨다zusammenschließen'라고 표현하지만,[176] 삼판에서는 '매개자'라는 표현을 삭제하고, 자연이 정신과 논리의 타자로서 자신의 타자인 정신과 논리를 합치시킬 수 있는 자립자가 되지 못한다고 표현하고 있다.[177] 이와 같은 표현상의 변화는 세 가지 추론과 관련해서 자연과 정신의 차이점을 좀 더 선명하게 부각시키려는 헤겔의 의도에서 비롯되었다고 생각할 수밖에 없다. 이처럼 자연이 소극적인 역할에 그치는 데 비해, 두 번째 추론에서 정신은 매개자로서 적극적인 역할을 수행한다. 두 번째 추론인 '자연-정신-논리'에서는 '정신적인 반성'이 중심이 되어 자유라는 목적을 위해 추론이 진행되어나간다. 여기서 학문은 더 이상 필연성의 진행 과정이 아니라 '주관적 인식'으로 현상한다. 헤겔은 〈엔치클로페디의 제3부에 관한 메모〉에서는 '주관적 인식'을 "철학하는 개별적 개인들"[178]이라는 말로 부연 설명하고 있다. 따라서 우리는 두 번째 추론이 내재적으로 지니고 있는 의미를 다음과 같이 설명할 수 있다. 유한한 정신이 자신의 전제이자 대상인 자연에 내재한 로고스를 인식하는 과정이 두 번째 추론의 과정인 것이다. 이러한 인식 과정이 진행됨으로써 자연은 더 이상 단순한 통과점인 부정의 계기만이 아니라, 오히려 우리의 인식에 대해 존립하는 시공간적인 현재로 나타난다. 정신적인 사유 작용은 자연이라는 전제에서 결과로 발전된 것이지만, 이제는 도리어 사유 작용이 자신에게 주어진 자연의 사태를 반성한다. 이를 통해 사유 작용을 지배하고 있는 로고스가 자연에도 내재해 있음을 밝혀내는 것이다.[179] 이러한 과정은 로고스가 첫 번째 추론에서처럼 단순히 전제된 것이 아니라 '정신을 거쳐 결과된 것'임을 증명하는 과정이기도 하다.

여기서 헤겔은 유한한 정신과 대립하는 것을 '자연'이라고 표현하는데, 이때 자연은 자연철학의 대상을 포함하기도 하지만, 더 나아가 '세계'를 포함하는 전체 객관성을 의미하기도 한다. 왜냐하면 헤겔은 세계를 '제2의 자연'이라고 부르기도 하기 때문이다.[180] 가장 넓은 의미에서 자연은 이념의 주관성이 실재화된 객관성과 동의어이다.[181] 그래서 사실상 두 번째 추론은《엔치클로페디》의 모든 객관적 계기를 '이들 속에서 스스로를 실현하는 로고스'의 현현으로 해석할 수 있는 여지를 열어준다. 그리고 §567에서 철학적 체계를 반복하는 것은 사유자 개개인이 자연적이며 정신적인 현상을 고찰하는 데에서 절대자의 내적인 삶, 의지, 행위 그리고 인식을 발견함으로써 직접적인 지각에 근거한 '경험주의'를 극복하는 데 있다.[182]

그런데 '자연-정신-논리'라는 두 번째 추론에서 정신은 '논리-자연-정신'이라는 첫 번째 추론의 결과로 도출된 것이지만, 그 전제인 자연은 여전히 정신에게 주어진 것이다. 따라서 전제된 자연의 직접성을 지양하는 추론을 보충함으로써만 첫 번째와 두 번째 추론은 완성될 수 있다. 헤겔에 따르면 본질과 현상, 무한한 삶과 유한한 삶의 관계를 보여주는 세 번째 추론(G-L-N)이 없다면, 첫 번째 추론(L-N-G)과 두 번째 추론(N-G-L)은 추론의 전제가 지니는 직접성에서 완전히 벗어나지 못한다. 이러한 전제의 직접성을 벗어나기 위해서는 전제가 되는 것이 결과라는 것을 증명해 보이면 된다. 그래서 헤겔은 세 번째 추론을 통해 자연과 정신이 논리가 현현된 결과물임을 보여줌으로써 추론의 전제가 지니는 직접성을 최종적으로 넘어서려 한다. 논리는 '즉자대자적으로 존재하는 영원한 이념'이며, '절대적 정신'이다. 이러한 논리가 근원적으로 자연과 정신이라는 두 현상으로 '자기 분열하는 것Sich-Urtheilen'은 곧 이 이념이 '현현하는 것Manifestation'이기도 하다. 매사인 절대적 보편자는 정신과 자연으로 분리되며, 정신은 '이념의 주관적 활동의 과정'이며, 자연은 '그 자체로 객관적으로 존재하는 이념의 과정'이 된다.

이러한 세 가지 추론과 관련하여 과연 이것이 '엔치클로페디적 체계'에 상응하는 것인가라는 의문이 제기될 수 있다. 우선 첫째로는 세 가지 추론에서 등장하는 논리, 자연, 정신이 《엔치클로페디》의 '논리학', '자연철학', '정신철학'에 대응되는가 하는 의문을 제기할 수 있을 것이다. 특히 세 가지 추론에서 주장되는 체계를 '엔치클로페디적 체계'로 인정할 경우 '논리학'과 '객관 정신'의 위치가 모호해질 수 있다. 헤겔은 자연과 정신으로 이원화되는 절대적 보편자를 절대적 정신으로 이해하고 있는데, 이렇게 이해하면 '논리학'이 헤겔의 철학 체계에서 차지하는 위치가 모호해진다. 이와 반대로 만일 '논리학' 자체가 절대적인 보편자로 이해된다면, '절대 정신' 부분이 자리할 곳이 없게 된다. 또한 세 가지 추론은 유한한 정신으로 '주관 정신'만을 주제화하지만 '객관 정신'은 주제로 삼지 않는다.[183] 이처럼 절대적 무차별과 그것의 현상 형태인 주관과 객관을 중심으로 철학 체계를 구상하는 것은 후기 체계보다는 예나 초기 체계 구상에 더 적합하다. 헤겔은 이러한 부적합성을 알고 있었기 때문에 《엔치클로페디》 재판에서 이 세 가지 추론에 관한 논의를 삭제한 것이 아닌가 하고 생각할 수도 있다.[184]

ㄹ. 체계와 철학의 관계

이상과 같은 논의를 통해 우리는 학문 이념의 전개 과정에서 비롯되는 철학 체계의 성격을 세 가지 추론을 통해 조명해볼 수 있다. 우선 헤겔이 구상한 학적 체계가 절대자인 신, 또는 로고스가 유한한 정신과 자연으로 현상하는 하향 운동과, 정신을 매개로 한 상향 운동을 통해서 구축된다는 사실을 알 수 있다. 세 가지 추론에 관련된 절이 모두 후기 엔치클로페디적 체계에 대응되는가의 여부를 떠나, 이러한 상향 운동과 하향 운동을 고려한다면 헤겔이 구상한 철학의 체계가 '절대자로서의 이념의 변증법적 전개 과정'과 맞물려 있다는 것을 알 수 있다. 이념의 변증법적 전개 과정은 신적인 절대자가 유한자의 지평으로 현현하는 하향 운동과, 유한자가 정신을 매개로 신적인 지평으로 고양되는 상향 운동의 맞물림으로 발생한다. 이 점에서 유한자가 무한자로 고양되어나가는 과정과 무한자가 자신을 현현하고 다시 자기에게로 이르는 과정은 각기 따로 떨어진 외길이 아니다. 이러한 운동에서 주도적인 역할을 하는 것이 바로 '정신'이며, 여기서 가장 강조되어야 할 부분은 정신의 유한한 지평과 무한한 지평 사이의 매개 과정이다. 그렇기 때문에 세 가지 추론은 '논리-자연-정신', '자연-정신-논리', '정신-논리-자연'과는 역방향으로, 즉 '정신-자연-논리', '논리-정신-자연', '자연-논리-정신'으로 진행되지는 않는다. 그리고 이 방향성은 자연보다 정신이 우월한 위치에 있음을 가장 명시적으로 나타내준다. 그렇지 않다면 세 가지 추론은 역방향으로 진행되어도 아무 상관이 없을 것이다. 유한한 정신은 자신과 대립하고 있는 자연과 세계에서 정신의 본질을 되찾음으로써 유한한 지평에서 무한한 지평으로 나아갈 수 있다. 세 가지 추론은 이러한 회복과 매개를 가능케 하는 '삼중적인 하나의 추론'의 구체적 형식이다. 그리고 이러한 형식이 전개되어나가는 추론의 과정은 철학 체계의 형성 과정과 무관하지 않다. 이 점에서 헤겔은《엔치클로페디》의 서문에서 다음과 같이 주장한다.

> 학문은 개념의 자기발전 과정이기 때문에, 개념에 의해 학문을 판정하는 것은 학문에 대해 판단을 내리는 것이 아니라 함께 나아감ein Mitfortschreiten을 의미한다.185

학문으로서의 철학은 앎의 체계 또는 체계적인 앎으로서만 성립한다. 그런데 앎이라는 사태는 '아는 자'와 '알려지는 자'의 분리와 통합으로 이루어진다. 헤겔에 따르면 철학의 유일한 대상은 '절대자'이므로, 철학적 앎은 아는 자로서의 인간적 주체와 알려지는 자인 절대자의 분리를 우선 전제하며, 이 절대자를 의식적으로 알아나가는 과정이 곧 철학 체계의 형성 과정이기도 하다. 모든 철학의 욕구는 진리인 절대자와 그에 마주한 의식의 이러한 분열 상황을 극복하려는 데에서 발원한다. 이러한 문제의식에서 '분열로부터 철학의 욕구가 비롯됨'을 절감하면서 철학 체계를 본격적으로 구상한 예나 시기의 한 단편에서 헤겔은 다음과 같이 말하고 있다.

인간이 신과 세계와 맺는 관계에 대해 깨어 있는 의식은 의문을 가진다. 왜냐하면 이 의식이 신이나 세계와 대립되는 만큼 동시에 이 의식은 그들과 관계를 맺고 있기 때문이다…의식이 깨어 있는 상태에서 개인은 그러한 필연성의 상태를 뿌리치고, 맹목적인 무지막지한 힘에 대항해 자신의 의지를 대립시키는 것으로 스스로를 자유롭게 구축한다. 그러면서 개인은 우연적인 개별적 사태에 대해 자기 고유의 힘을 행사하면서 재료가 되는 이 사태로 자기 고유의 영역을 건립하는 것이다.[186]

의식이 깨어 있을 때에만 신과 자연, 그리고 인간의 상호 관계에 대한 물음이 가능하며, 이러한 물음을 통해 의식 자신의 고유 영역인 '학문'도 구축되는 것이다. 이 점에서 학문에 대해 개념적으로 '학문은 무엇이다'라고 내리는 판단은, 판단되는 대상인 학문과 판단 내리는 자인 의식의 '근원적인 분리'를 유한한 정신의 '깨어 있음'을 통해 어느 정도 극복할 수 있는가 하는 문제와 직결된다. 따라서 철학하는 자와 철학의 체계는 서로 분리해 생각할 수 없다. 철학하는 자가 스스로 깨어남을 통해 절대적 지평으로 얼마나 자신을 고양시키는가 그 철학이 어느 만큼 절대자를 반영하는 체계로 완결되는가

하는 문제와 동일한 문제이기 때문이다. 여기에 헤겔이 주장하는 학문하는 자와 학문의 '함께 나아감'의 의미가 담겨 있다. 따라서 헤겔이 《엔치클로페디》의 세 가지 추론을 통해 의도한 바도, 단순히 엔치클로페디적 서술을 다시 한번 반복하는 차원을 넘어서서, '체계적 철학 하기'와 '철학 하는 자'의 상호 연관성을 강조하려는 데서 찾아야 하는 것이다.

3. 철학. 역사와 체계 사이에서 '깨어 있기'

이상에서 우리는 두 연설문의 이해를 돕기 위해, 철학의 역사와 체계에 대해 헤겔이 생각했던 바를 살펴보았다. 헤겔에 따르면, 철학사든 철학 체계든 이념이나 정신의 자기 전개와 자기 복귀의 과정을 따른다. 한편으로 이 과정을 정초하는 자는 전통적으로 신, 절대자 등으로 불려왔다. 그러면 유한자인 인간이 철학의 역사나 체계에서 맡은 배역은 무엇인가? 인간의 의지가 어떠하든 상관없이 역사는 굴러가게 되어 있고 체계는 건립되기 마련일까?

그런데 두 연설문을 통해 우리가 공통적으로 확인할 수 있는 헤겔의 강조점은 '깨어 있음'이라는 단어이다. 철학사가 철학사로서 현재를 살아가는 우리에게 의미를 가지려면, 우리 자신이 과거의 것을 '맑은 정신'으로 파악할 수 있어야 한다. 그리고 철학이 체계로서 가능한 원동력도 유한자인 인간이 자신의 자연성을 부단히 지양하여 무한의 지평으로 고양되려는 의지가 있을 때에만 발현되는 것이다. 이 점에서 통속적으로 이해되는 바처럼 헤겔은 역사와 체계를 신비적으로 말한 적은 결코 없으며, 인간의 의지와는 다른 '그 무엇'이 역사와 학문의 성격을 좌지우지할 것이라고 생각하지도 않았다는 것을 알 수 있다.

역사와 체계의 중심에는 '철학 하는 인간', 다시 말해 '사유하며 의지하는 인간'이 서 있다. 역사를 이끌어가는 것도 인간이며 체계를 건립하는 것도 인간이다. 신도 아니고 절대자도 아닌 인간이 역사를 짊어지고 체계를 축조한다. 이러한 역할에 걸맞은 인간에게 요구되는 것이 바로 '깨어 있음'의 태도이다. '깨어 있음'은 보다 보편화된 헤겔적 용어로 '이성'이라고 불러도 좋겠다. 그런데 '이성 중심주의'가 비판되고, '주체'가 해체되어야 한다는 목소리가 드높은 이 시대에, 역으로 이성의 중요성을 부각시키는 것은 시대착오적인 발상이 아닐까? 깨어 있는 의식을 강조하는 태도 자체가 과거 회귀적인 보수적 태도는 아닐까? 탈중심의 시대에 학문의 체계성과 보편성을 주장하는 것은 또 다른 중심의 도래에 대한 무비판적 신뢰는 아닐까?

하지만 헤겔은 이미 이러한 반문에 대해 충분히 숙고한 듯하다. 그에게 이성은 의식의 '깨어 있음'이고, 의식이 깨어 있다는 것은 의식적 주체가 아무런 선입견이나 편견 없이 스스로를 되돌아보고 반성할 수 있다는 것이다. 헤겔은 어느 곳에서도 이성적 주체를 맹목적으로 신뢰한 적이 없다. 오히려 헤겔은 인간도 오직 이성적으로 사유를 할 때에만, 그리고 자기 자신이 어떤 존재인지를 의식하고 있을 때에만 '인간'으로 대접받고 존엄할 수 있음을 강조했다. 시공을 초월하는 철학적 사유의 보편성도 이러한 인간의 자기반성적 태도에서 찾아야 한다. '자기 되돌아봄'에 기초한 진솔한 태도는 '자기'를 맹목적인 절대적 주체로 내세우려는 폐쇄적이고 편협한 태도가 아니다. 또한 폐쇄적이지 않은 개방적 태도, 열려 있는 지평은 '자기'를 포기하는 수동적 태도에서는 비롯될 수 없다. 참으로 열려 있고, 타자와 소통할 수 있는 지평은 '자기'를 포기하는 데 있지 않고 도리어 '참된 자기'를 찾고 세우는 데 있다. 헤겔도 이 점에서 '참된 자기'를 찾는 이성적 태도를 자기만을 고집하는 무비판적인 '아집'의 태도와 구분했던 것이다.

나 자신이 제대로 서지 않고서 어떻게 타자와 소통할 수 있으며, '참된 나'를 찾지 않고서 어떻게 나를 해체하고 초월한다는 말인가? 해체나 초월이나 '탈Post'이라는 용어도 역사적으로 '자기'를 제대로 보존하고 지켜온 자들에게만 어울리는 말이 아닌가? 그들의 화려한 구성과 해체의 축제에서 '나'는 언제까지 이방인이어야 하는가?

지금 헤겔이 맞이했던 시대적 전환기가 우리 시대에 다시 한번 찾아오는 듯하다. 어느 누구도 '나'를 '참된 나'로 인정해주길 꺼리는 시대, 나 자신마저도 '참된 나' 찾기를 포기한 시대. 한 시대를 마감하며 또 다른 한 시대를 맞이해야 하는 이 전환점에서, 철학이 해야 할 역할은 무엇이며, 지금 여기 사는 우리가 서 있을 곳은 어디인가? 저물어가는 하루가 끝이 아니고 내일의 여명을 맞이하기 위한 준비의 시간이라면, 현재의 반성이 미래의 밑거름이 되어야 한다. 지금 서 있는 자리를 알지 못하고서는 내가 서 있어야 할 자리를 찾기 힘들기 때문이다. 자기 되돌아봄의 순간에 나는 나와 끊임없이 마주하지만, 한시라도 자기 반성적 물음에 소홀할 때, 나는 나를 상실하고 타자와 소통할 수도 없다.

깨어 있자! 새날을 맞기 위해 깨어 있자! 이렇게 외치는 헤겔의 모습이 눈에 선하다. 결국 헤겔이 지금 여기에서 살아가는 우리에게 남겨준 교훈은, '나'는 헤겔 철학이 아니라 '나 자신' 속에서만, '자기' 속에서만 진리를 찾을 수 있다는 것, 이것 외의 다른 것이 아니다.

1 니트함머Friedrich Immanuel Niethammer(1766~1848)는 튀빙겐 신학
   교에 장학생으로 입학하여 1792년 예나 대학에서 교수 자격을 부
   여받고 1795년 예나 대학의 철학 교수가 되었다. 1803년부터는 뷔
   르츠부르크 대학에서 신학 교수를 역임했고, 1806년에는 뮌헨에
   서 문교 및 교회의 지방행정관으로 근무하다, 1808년에 중앙학교
   장 및 교회행정관을 역임했다. 니트함머는 바이에른의 신인문주의
   의 창시자로서, 바이에른의 학교 조직을 대폭 개혁하려고 시도했으
   나 보수파의 반대에 부딪히기도 했다. 1800년 이후 헤겔은 니트함
   머와 매우 밀접한 친분 관계를 유지했다.

2 헤겔의 《철학사 강의 *Vorlesungen über die Geschichte der Philosophie*》는 후에
   《헤겔 전집》에 포함된다. 《철학사 강의》는 책으로 출간된 '최초의
   서양철학사'라고 해도 과언이 아니다. 이 책에서 헤겔은 고대부터
   자신과 동시대인인 셸링Friedrich Wilhelm Joseph Schelling까지 다루고
   있다. 본래 '역사'로 번역되는 독일어 Geschichte는 고어 giskehen이
   라는 동사에서 유래한 geschehen에서 파생된 말이다. geschehen은
   라틴어 causus를 옮긴 말로 '발생한 사건' 또는 '어떤 사건의 발생 자
   체'를 의미한다. 이 단어는 점점 더 의미가 확장되어 '단순한 일회적
   사건이나 사태'가 아니라 '좀 더 광범위한 발생의 연관'을 표현하는

데 쓰인다. 여기서 '필연적인 연쇄로서의 발생Ereignis'을 의미하는 Geschichte와 사실에 입각한 보고Bericht의 성격을 지니는 Historie 사이에 구분이 생긴다. 헤겔은 발생한 사건이나 사태와 그것을 기술하는 입장이라는 두 가지 맥락으로 '역사Geschichte'라는 말을 사용하면서 다음과 같이 말한다.

> 우리 말에서 역사Geschichte라는 말은 객관적 측면과 주관적 측면을 합일시킨 것으로, '발생한 사건에 대한 기술historiam rerum gestarum'뿐만이 아니라 '발생한 사건'도 의미한다. 즉 역사는 '발생한 것'이면서 '역사의 기술'이기도 하다. 우리는 이 두 가지 의미의 통합을 단순한 외적 우연성을 넘어서는 그 이상의 것으로 보아야만 한다. 즉 '역사의 기술'은 본래적으로 역사적인 사태나 사건들과 동시에 나타나는 것으로 생각해야 한다. 따라서 이 두 측면들이 함께 나타나도록 하는 것은 바로 내적인 공통의 근거이다(TW 12, 83쪽).

이 인용문에서 드러나는 바처럼, 헤겔에 의하면 역사란 과거에 대한 기술로서 성립되기 때문에, 역사에 대한 기록이 없는 민족의 생활사는 역사에 편입될 수 없다. 이런 점에서 헤겔은 인도의 고대사는 역사가 아니라고 한다. 헤겔은 이에 대해 다음과 같이 말한다.

> 한 민족에 관해 역사가 서술되기 전에는, 가령 혁명이나 민족 이동이나 혹심한 변혁으로 점철된 기간이 수백·수천 년 경과했을지라도 거기서는 하등의 객관적 역사조차 발견할 수 없다. 왜냐하면 그러한 시기에 관한 주관적 역사나 역사 설명이 전혀 존재하지 않기 때문이다(TW 12, 84쪽).

헤겔에 따르면 역사의 단초는 주관적으로는 '기록'으로서 합리성의 현실화가 이루어지는 시기이며, 객관적으로는 '국가가 출현하는 시기'이다. 왜냐하면 인간다운 인간은 합리성을 지니고 자유를 지향하는 정신 또는 이성Vernunft이 현현된 존재이고, 그 같은 합리성과 자유는 법과 정의와 같은 실체적인 대상 속에서만 실현될 수 있으며, 법과 정의는 오직 국가라는 현실 속에서만 가능하다고 보았기 때문이다[이영호,《역사, 철학적으로 어떻게 볼 것인가》(책세상, 2004), 99~100쪽 참조].

3 (저자주) 다른 유럽의 국가들에서처럼.

4 (저자주) 이를 위해서는 적지 않은 진지함grosser Ernst이 필요하다.

5 '본연의 성격'은 독일어 Eigenthümlichkeit를 옮긴 것이다. 헤겔은 고대 그리스에서 발원한 서양철학의 고유성이 이 시기(18~19세기)에 독일에서 그 명맥을 유지하고 있다고 확신한다. 그러나 이러한 확신이 일종의 '국수주의적' 발상에서 나온 것이라고 오해해서는 안 된다. 서양철학사를 되돌아볼 때, 철학사적으로나 사상사적으로 18세기에서 19세기 동안 독일이 그 중심점에 있었다는 것을 부인하기는 힘들다. 마치 고대 그리스에서 플라톤과 아리스토텔레스가 사상사적으로 큰 봉우리를 이루었듯이, 이 시기에 독일철학은 칸트Immanuel Kant와 헤겔이라는 큰 봉우리를 만들어낸다. 그리고 칸트와 헤겔뿐만 아니라, 문학 분야를 포함하는 낭만주의 등이 태동한 이 시기의 사상적 조류가 어떻게 그렇게 짧은 기간에 큰 성과를 이루어낼 수 있었는가 하는 물음에 대해서는 몇 마디 말로 대답할 수 없다. 특히 정치적으로나 문화적으로 다른 유럽 국가들에 비해 낙후되어 있던 독일의 상황을 고려한다면, 이러한 의구심은 일종의 놀람으로 다가오기도 한다.

6 '신성한 불heiliges Feuer'에서 독일어 Feuer는 불이라는 의미 외에도

'격정', '열정' 등을 의미하기도 한다. 여기서 철학적 소명을 '신성한 불'과 관련시켜 이야기하면서, 헤겔은 '프로메테우스 신화'를 염두에 두고 있다. 익히 알려져 있다시피, 이 신화는 선구적인 역할에 대한 상징으로 자주 인용된다. 프로메테우스와 에피메테우스는 형제지간인 신들인데, 이 두 신은 사실 인간의 양면성을 뜻한다. 인간은 한편으로는 선견지명이 있고 현명하기도 하지만, 다른 한편으로는 이미 일을 저지르고 난 후 뒤늦게 깨닫고 후회하기도 하는 우둔한 특성을 가지고 있다. 프로메테우스 신화를 간추려보면 다음과 같다.

프로메테우스와 에피메테우스는 형제 신으로 거인인 티탄족이었다. 그들은 인류가 창조되기 전부터 살고 있었다. 형 프로메테우스와 아우 에피메테우스는 인간을 창조하고 인간을 비롯한 다른 동물들에게 살아가는 데 필요한 모든 능력을 부여하는 임무를 맡고 있었다. 에피메테우스는 별 생각 없이 인간을 뺀 여러 동물들에게 이것저것 나눠주기 시작했다. 어떤 동물에게는 빠르게 날 수 있는 날개를, 어떤 동물에게는 날카로운 발톱을, 또 어떤 동물에게는 딱딱한 껍질을 주었다. 드디어 인간에게 뭔가를 주어야할 차례가 왔다. 그러나 가히 만물의 으뜸 자리를 차지한다고 해도 과언이 아닌 인간에게 무엇인가를 주긴 주어야 할 텐데, 에피메테우스의 수중에는 아무것도 남아 있지 않았다. 몹시 당황한형 프로메테우스는 여신 아테나의 이륜차에서 불을 자기 횃대에 옮겨 붙여가지고 내려와 인간에게 주었다. 이 선물 덕택에 인간은 다른 동물이 감히 넘보지 못할 존재가 될 수 있었다. 곧 인간은 불을 이용, 무기를 만들어 다른 동물을 정복할 수 있었고, 연장을 만들어 땅을 갈아먹을 수 있었으며, 아무리 추워도 거처를 데워 따뜻하게 기거할 수 있었고, 한 걸음 더 나아가 갖가지 기술을 개발하고, 거래 수단이 되는 화폐를 주조할 수 있게 되었다.

이 신화에서 판도라의 상자가 나온다. 판도라는 모든 선물(Pan: 모든, dora: 선물을 선사함)이라는 뜻이다. 판도라 자체가 상자를 뜻하기도 하고, 상자를 연 여인을 뜻하기도 한다. 신의 세계에서 몰래 불을 훔쳐다 인간에게 준 벌로 제우스는 프로메테우스 형제에게 온갖 것들이 다 들어 있는 상자를 보내고, 아우 에피메테우스가 혹은 에피메테우스가 차지한 판도라라는 여자가 어리석게 이 상자를 연 순간 인간에게는 온갖 불행과 고통, 재앙이 끊이지 않게 되었다는 것이 이 신화의 요지다. 놀라서 상자를 닫았을 때는 '희망'만이 남고 모든 것들은 빠져나가버린 상태가 된다. 이 신화는 인간이 온갖 고통과 불행 속에서도 희망을 간직하며 살아가는 모습을 상징적으로 보여준다.

한편, 프로메테우스는 가이아에게서 티탄과 제우스 사이의 승패는 힘이 아니라 '지혜'와 '기술'에 의해 결정된다는 말을 듣고 자신의 종족인 티탄들에게 이 말을 전하지만 티탄들이 자신의 말에 귀를 기울이기는커녕 비웃기만 하자 제우스를 도와 티탄과의 전쟁에서 승리할 수 있게 해준다. 프로메테우스는 모든 일의 결정에 있어서 절대권력을 행사한 제우스에게 항상 대항했고 힘과 권력에서 제우스보다는 약했지만 앞일을 예견하는 계략과 지혜에 있어서만은 제우스보다 뛰어났다. 그러나 인류에게 문명과 기술을 가르쳐주었다는 죄로 제우스의 노여움을 샀다. 제우스는 코카서스 산꼭대기에 있는 바위에 그를 묶어두고 독수리를 보내 그의 간을 파먹게 했다. 간은 끝없이 자라나 계속 파먹히게 되었다.

7 '소명'으로 옮긴 독일어 Beruf는 rufen에 비분리전철 be가 덧붙여진 동사 berufen의 명사형이다. 바울로는 〈고린도전서〉에서 부르심이

라는 뜻을 지닌 클레시스κλῆσις라는 말을 다음과 같은 맥락에서 사용하고 있다.

> 오직 하느님의 계명을 지키는 것만이 중요합니다. 그러므로 각 사람은 부르심을 받았을 때의 상태를 그대로 유지하십시오. 부르심을 받았을 때에 노예였다 하더라도 조금도 마음 쓸 것 없습니다. 그러나 자유로운 몸이 될 기회가 생기면 그 기회를 이용하십시오. 노예라도 부르심을 받고 주님을 믿는 사람은 주님의 자유인이 되고 자유인이라도 부르심을 받은 사람은 그리스도의 노예가 되는 것입니다. 하느님께서는 값을 치르시고 여러분을 사셨습니다. 그러니 여러분은 인간의 노예가 되지 마십시오. 형제 여러분, 여러분은 각각 부르심을 받았을 때의 상태를 그대로 유지하면서 하느님과 함께 살아가십시오(《공동번역 성서》, 〈고린도전서〉, 7 : 19~24).

루터Martin Luther는 이 구절에서 등장하는 '부르심κλῆσις'이라는 용어를 부름의 장소로 번역하면서, 어떤 위치나 역할의 의미를 강화한다. 이처럼 루터가 신적인 부르심과 세속적인 직업을 합치시킨 이후에, 그로부터 이 개념의 전개사에는 긴장이 발생하게 된다. 특히 내적인 소명과 외적인 소명의 관계가 고려됨으로써, 이 개념의 신학적 구조가 확정되었다. 내적인 소명은 근대적 주체성에 있어서 개별적인 소명의 성격을 부여받았으며 소질이나 재능과 관련되어 있었다. 이 경우 사람들은 이러한 내적인 소명에 외적으로 부여되는 소명이 완전하게 합치할 때 행복하다고 생각했다. 외적인 소명, 좀 더 구체적으로 얘기하자면 '직업'이라는 것은 사회에서 자신의 맡은 바 의무를 다함으로써 그 사회에 기여하는 데에서 보편적 의미를 지니게 된다. 이런 의미에서 소명은 의무론의 근본 개념이 되었다.

8　(저자주) 그런 점에서 오직 이념들만이 가치를 부여받고 정당화되어야 한다. 프로이센은 지성Intelligenz 위에 건립되었으며, 위대한 열정과 고귀한 욕구를 가지고 있고, 이러한 열정에 반(反)하는 것은 바로 공허한 환상schales Gespenst이다.

9　엘레우시스는 아테네에서 서쪽으로 약 20km 지점에 있는 고대 도시로, 여기서 데메테르와 그의 딸 페르세포네를 기념하는 비교 의식이 매년 열렸다. 페르세포네는 하계(下界)의 여신으로 하데스의 아내이다. 그녀는 제우스와 데메테르의 딸로서 하데스에게 납치당해 하계로 끌려가고 데메테르는 딸을 찾으러 온 그리스를 헤매고 다니는 것이 이 여신에 얽힌 주요 이야기이다. 페르세포네가 하계에 있는 동안 금식을 지키지 못하고 석류 한 알을 먹어 어머니 데메테르에게 돌아갈 수 없게 되자, 제우스는 절충안으로 그녀가 하계와 지상계에서 반반씩 살도록 해준다. 페르세포네가 지상계로 생환될 때 대지의 여신인 데메테르는 매우 기뻐했는데, 이 기쁨을 기념하여 만든 축제 의식이 엘레우시스에서 행해진 비교 의식이다. 식물의 싹을 상징하는 페르세포네가 대지의 여신인 데메테르에게 생환된다는 것은, 만물의 생명의 싹이 겨울 동안 땅속에 숨어 있다가 새봄에 대지를 푸르게 하는 것을 상징한다. 그래서 이 신화와 그에 얽힌 비교 의식은 생명의 신비와 관련되어 있다.

청년기에 헤겔은 자신의 유일한 시인 〈엘레우시스〉로 이 비교 의식을 노래한 바 있다. 앞부분만을 인용하면 다음과 같다.

　　내 주변에, 내 안에 평온이 깃들고,―분주히 일하는 사람들의

지칠 줄 모르는 염려도 잠을 자네. 이 평온을 자유와

뮤즈가 나에게 선사하네.—감사하오, 그대 나의

해방자, 오 밤이여! 하얀 안개 면사포 쓴

달은 저 먼 언덕 미지의 능선들을 에워싸고,

저 너머 호수의 밝은 줄무늬는

친근하게 반짝이네.

낮 동안 지겨웠던 소음도,

그때와 지금 사이 오랜 세월이 놓여 있기라도 하듯,

기억 속에서 멀어져가네.

나의 사랑, 그대 모습 내 앞에 다가오고,

지나가버린 그 시절의 기쁨도 나타나오. 하지만 그 기쁨도

재회의 달콤한 희망에 비하면 아무것도 아니리.—

벌써 오랫동안 그리워한 불타는

포옹의 장면, 그런 다음 서로 안부 물으며

그때 이래

벗의 태도, 표현, 기질이 어떻게 변했는지 알아보려 서로 은밀하게

염탐하는 장면,—옛 우정의 신실함이 더 단단해지고 성숙해진 것을

확인하곤 기뻐하는 장면을 그려본다오.

우리의 우정, 비록 서약은 없었지만,

오직 자유로운 진리에만 살고, 생각과 감정을 속박하는

그 어떤 규정에도 얽매이지 않겠다고 했었지.

그런데 산과 강 건너 날 쉬 그대에게 이끌었던 이 소원

안이한 현실과 타협하고 마는구려.

이들의 불화를 알리는 것은 한숨, 이 한숨과 더불어 재회의

달콤한 환상의 꿈도 사라져버리는구려.

눈을 들어 영원한 천궁,

그대에게 향하네, 오! 빛나는 밤의 별들이여!

그대의 영원 앞에서

모든 소원, 모든 희망도 잊혀지네.

(그저 바라보는 가운데 감관은 힘을 잃고,

내 것이라 불렸던 것 사라지네,

헤아릴 수 없는 그에게 날 내맡겨,

나는 그 안에 있고, 나는 모든 것이며, 단지 그일 뿐.

되돌아온 의식에게

무한자는 낯설고 두려운 것, 그래서 놀란 나머지

이 관조의 깊이를 파악하지 못하네.

환상은 영원자를 감관에 접근시켜,

형태를 얻게 한다네.—환영하오, 그대

숭고한 정령들, 고귀한 그림자들이여!

그것은 놀라는 법이 없네.)—이것은 내 고향의 정기,

진지함, 그리고 그대들을 감싸 흐르는 광휘임을 느낀다오.

아! 이제 그대 성소의 문들 쏟아져 내리는 것 같구려,

엘레우시스를 다스리는 그대, 오! 세레스여! (이하 생략)

[GW 1, 399~402쪽; 정대성 옮김,《헤겔의 종교론집》(한들출판

사, 2001), 15~20쪽]

1796년 7월 스위스 빌러 호숫가의 도시 축에서 여름휴가를 보낸 후
베른으로 돌아온 헤겔은 달빛에 반짝이는 빌러 호수의 고요한 밤
풍경을 회상하면서 가장 절친한 친구인 휠덜린Friedrich Hölderlin과
의 재회를 그리며 이 시를 썼다고 한다. 헤겔은 이 시에서 '낮 동안
지겨웠던 소음'과 '해방자, 밤'을 대조하면서, 모든 것을 말과 언어

로 표현함으로써 진리의 신비함을 제거해버리는 '공허한 미사여구'
와 고귀한 가르침에 침잠한 고대의 신비가들의 침묵을 대조하고 있
다.

10 사모트라키아는 지금의 터키와 인접한 작은 섬으로, 엘렉트라와 제
우스 사이에 태어난 다르다노스Dardanus에 얽힌 전설을 간직하고
있는 곳이다. 다르다노스는 그의 고향인 사모트라케에서 형제 이아
시온과 함께 살다가, 홍수가 나서 이아시온이 죽자 뗏목을 타고 사
모트라케와 마주 보는 아시아 연안에 이르게 된다. 그곳은 하신 스
카만드로스와 님프 이다이아의 아들인 테우크로스 왕이 다스리고
있었다. 다르다노스는 테우크로스 왕의 환대 속에 영지의 일부를
받고 그의 딸 바티에이아를 아내로 맞았다. 그는 자신의 이름을 붙
인 도시를 세우고, 테우크로스가 죽은 뒤에는 나라 전체를 다르다
니아라 불렀다. 바티에이아와의 사이에서 아들 '일로스'와 에리크
토니오스가 태어났는데, 주지하다시피 '일로스'는 '트로이'의 또 다
른 명칭이기도 하다. 다르다노스는 트로이에 성채를 건설하고 이
지역을 지배하면서 사모트라케 신들의 비의를 전수했던 것으로 전
해지며, 이 신들의 대표 격이 카베이로이다. 카베이로이는 신비한
신들로서 그들의 주요 성역은 사모트라케 섬이었지만 어디에서나
숭배되었으며, 헤로도토스에 의하면 이집트의 멤피스에서도 숭배
되었다고 한다. 카베이로이의 탄생과 특성에 대해서는 고대의 신화
학자들이 각기 다양한 해석을 내리고 있다. 그중 한 설에 의하면, 네
명의 카베이로이의 이름은 악시에로스, 악시오케르사, 악시오케르
소스, 카드밀로스이며, 이들 넷은 그리스 신화의 데메테르, 페르세
포네, 하데스, 헤르메스와 동일시되었다고 한다. 따라서 본문에서
헤겔이 엘레우시스 비교와 함께 사모트라케 섬을 언급하고 있는 것
은 동일한 신화의 내용을 염두에 두고 있는 것이라고 생각된다.

11 (저자주) 여기에 시대의 궁핍함과, 세계적인 대사건이 남긴 공허가
    주는 절실함이 있다.

12 여기서 세계사적 사건이란 '프랑스 혁명'을 가리킨다. 이 시대의 다
    른 사람들과 마찬가지로 헤겔도 프랑스 혁명에 깊은 관심을 가지고
    있었고, 그의 문제의식과 철학에서 프랑스 혁명이 차지하는 비중
    또한 무시할 수 없다. 헤겔 연구가인 리터Jochaim Ritter는《헤겔과 프
    랑스 혁명Hegel und französische Revolution》이라는 저서에서, 헤겔이 철
    학의 모든 사명을 집중시킨 체험이 프랑스 혁명이라고 진단하면서,
    헤겔 철학만큼 가장 내적인 추진력에 있어서까지 혁명의 철학인 것
    은 없다고 평가하고 있다. 실제로 헤겔은 프랑스 혁명이라는 세계
    사적 사건에 대해 이중적인 양가 감정을 지니고 있었다고 보인다.
    그는 1819년 10월 30일 그리스어와 고대사에 정통한 학자인 크로
    이처Georg Friedrich Creuzer에게 보낸 서신에서 자신의 느낌을 다
    음과 같이 표현하고 있다.

    나는 곧 쉰 살이 됩니다. 이 중 30년은 계속해서 동요하는 공포
    와 희망의 시대 속에 살면서 이 공포와 희망이 어느 날엔가는 끝
    나기를 기대했습니다. 그렇지만 이제 나는 이러한 상황이 계속
    되고 있다는 것을 주시해야만 합니다. 그리고 우울한 기분이 들
    때면 사람들이 생각하듯이 사태는 더욱 악화되어만 간다고 생각
    합니다(BH 2, 219쪽).

    헤겔의 철학은 처음부터 끝까지 이러한 '공포와 희망' 속에서 지속
    된다. 신학교 학생이던 튀빙겐에서 이 세계사적 사건을 접하고 횔
    덜린, 셸링과 함께 그 열광을 함께했던 헤겔은, 1795년 이후로 점점
    더 프랑스 혁명에 대해 좀 더 냉철한 시각을 가지게 된다. 그는 자

신의 주저인《정신현상학》에서는 프랑스 혁명을 '절대적 자유와 공포'라는 표제로 다루고 있다. 여기서 혁명은 '소멸의 광란'이자 '무의미한 죽음'만을 가져왔으며, '스스로 자기 자신을 파괴하는 현실'이며 '부정적인 것의 완전한 공포'라고 평가된다. 프랑스 혁명에 대한 이와 같은 생각은 그 후에도 반복해서 나타난다.

13 (저자주) 여유.

14 '여명'은 독일어 Morgenröthe를 옮긴 것으로, 새로운 날의 시작을 상징한다.《정신현상학》에서도 헤겔은 자신의 시대가 새로운 앞날을 지향하는 '탄생의 시대'이자 '새로운 시대로 이행하는 전환기'에 있다고 보면서, 새로운 시대의 도래를 '해돋이'에 비유하고 있다 (PhG, 14쪽 이하). 그런데 보통 현실에서의 철학의 역할에 대한 헤겔의 비유적 주장 중 가장 많이 알려져 있는 구절은《법철학강요 *Grundlinien der Philosophie des Rechts*》서문에 나오는 "미네르바의 부엉이는 황혼이 깃들 무렵에야 비로소 날갯짓을 한다"는 말이다(TW 7, 28쪽). 이 말은 철학이 항상 시대 현실을 앞서가는 것이 아니라 뒤따라갈 수밖에 없음을 의미하는 것으로 해석되곤 한다. 그리고 이 말을 근거로 헤겔 철학의 실천적 무력성이 주장되기도 한다. 그러나 헤겔의 관점에서 볼 때, 철학은 단순히 지나가버린 과거를 해석하는 차원에만 머물지 않으며, 다가올 새로운 미래에 대한 전망도 제시할 수밖에 없다. 그리고 그 전망은 다름 아니라 지나간 과거와 현재의 진상 파악, 현실 파악을 토대로 가능하다. 이 책의 주 51을 참조하라.

15 서양에서 진리와 용기는 항상 같이한다. 진리를 안다는 것은 사태를 제대로 안다는 것이고, 사태를 제대로 알기 위해서는 '용기'가 필요하다. 고대 그리스 신화에서는 지혜의 여신인 아테네(로마 신화의 미네르바)가 항상 전장에 나가는 투구를 갖추고 있는데, 이것

은 진리를 얻기 위해서는 용기가 필요하다는 것을 상징한다. 칸트도 〈계몽이란 무엇인가에 대한 답변Beantwortung der Frage: Was ist Aufklärung?〉이라는 글에서 "계몽이란 우리가 마땅히 스스로 책임져야 할 미성년 상태Unmündigkeit로부터 벗어나는 것이다. 미성년 상태란 다른 사람의 지도 없이는 자신의 지성을 사용할 수 없는 상태이다. 이 미성년 상태의 책임을 마땅히 스스로 져야 하는 것은, 미성년의 원인이 지성의 결핍에 있지 않고 다른 사람의 지도 없이도 지성을 사용할 수 있는 결단과 용기의 결핍에 있을 경우이다. 그러므로 과감히 알려고 하라! 너 자신의 지성을 사용할 용기를 가져라! 이것이 계몽의 표어이다"라고 말하고 있다[Immanuel Kant, "Beantwortung der Frage: Was ist Aufklärung?",《베를린 학술원판 칸트 전집*Kant's Gesammelte Schriften*》, 제8권, (hrsg.) von der Königlich Preußischen Akademie der Wissenschaften(Berlin·Leipzig, 1923), 35~36쪽; 이마누엘 칸트, 〈계몽이란 무엇인가에 대한 답변〉, 이한구 편역,《칸트의 역사철학》(서광사, 1992), 13~14쪽].

16 (저자주) 여러 가지 사례들로 이루어진 갤러리. 가장 숭고한 정신들이 이전에 그 시작 단계에서는 알지 못했지만, 진전되어감으로써 어떤 우연적인 것도 없게 되었다.

17 (저자주) 순수한 진리의 왕국은 외적인 현실의 사태가 아니며 자기 자신에게 머무는 내적인 정신의 사태이다.

철학 서론

철학사와 근세철학의 관계

  a) 철학이 하나의 역사를 가진다는 것은 어떤 의미를 지니는가?

  b 철학들의 다양함

  c) 철학 자체의 철학사와의 관계

  d) 다른 학문들의 역사와 정치적 상황들

18 '회랑'은 독일어 Gallerie를 옮긴 것이다. 여기서 고귀한 정신들의 회
    랑은 철학사 전체에 대한 비유적 표현인데, 이 표현은 헤겔의 철학
    체계를 대표하는 '엔치클로페디Enzyklopädie'라는 개념을 연상시킨
    다. '보편적인 일반 교양교육'을 의미하는 엔치클로페디는 본래 '어
    린아이와 함께 두루 배움의 길을 거친다ἐνκύκλιος παιδεία'는 의미
    를 지닌다. 인류의 탄생부터 지금까지 인류가 걸어온 과정에서 획
    득된 체험과 지식의 산물이 가지런히 정돈되어 있는 둥근 회랑을
    떠올려보자. 그리고 이제 갓 자라나는 아이가 그 회랑의 입구에서
    부터 시작해서 천천히 하나하나 보고 들으며 인류가 걸어온 길을
    간접 체험하고 지식을 쌓는 과정을 거쳐 마침내 성숙한 어른이 되
    는 과정을 상상해보자. 아이가 거치는 길에는 나름대로 순서가 있
    어야 하고, 또한 그를 인도해줄 올바른 지도자가 있어야 한다. 그리
    고 그 아이가 출발한 지점과 회랑을 모두 거쳐 되돌아온 지점은 한
    곳이지만, 그 아이는 예전의 그 아이가 아니다. 이처럼 보통 백과전
    서라는 말로 번역되는 엔치클로페디는 그냥 잡다한 지식들을 한데
    모아놓은 창고가 아니다. 헤겔은 엔치클로페디 자체를 체계와 동일
    시하는데, 이때의 엔치클로페디는 여러 가지 지식들의 질서 있는
    회집(會集)일 뿐만 아니라 회집의 방법 자체, 즉 회집을 만들고 그것
    을 일정한 방향으로 두루 거치는 운동이기도 하다. 헤겔은 이처럼
    정신의 미성숙한 단계와 성숙한 단계를 연상하며, 미성숙한 정신이
    성숙한 단계에 이르기까지의 과정을 체계적인 원환의 구조로 서술
    하고 있다. 철학의 역사를 회랑에 비유하면서도, 헤겔은 이러한 체
    계적 원환 구조를 염두에 두고 있는 것이다.

19 (저자주) 일반적인 개관, 특정한 자료들, 시간. 잠정적인 서론, 민중.

20 '작은 나룻배'는 우연한 사건들에 대한 비유적 표현이라고 할 수 있

다. 그리고 '정기 항로 선박'은 항상 때가 되면 반복되는 기계적 사건의 비유라고 할 수 있다. 헤겔이 보기에 진정한 의미에서 역사는 '시작에서 끝(목적)을 향한 정신의 발전 과정'이자 필연성을 지니는 것이다. 아무런 의미 없이 반복되기만 하는 것이나 우연적으로 일어나는 사건들의 연속이 역사는 아니다.

21 (저자주) 1818년 10월 22일 베를린.

22 공허한 자만은 독일어 Eitelkeit를 옮긴 것이다. eitel에는 '우쭐하는'이라는 의미도 있지만, '공허하고 덧없고 쓸모없는'이라는 의미도 있다. 이러한 맥락에서 헤겔은 공허한 자만Eitelkeit을 '실체적 내용substantielle Gehalt'이나 '옹골참Gediegenheit'과 대립적인 개념으로 사용하고 있다.

23 대표적인 독일적 정신으로 흔히 철두철미함Gründlichkeit을 든다. 칸트도 《순수이성 비판Kritik der reinen Vernunft》에서, 독일인의 정신 중 철두철미한 정신Geist der Gründlichkeit을 가장 긍정적인 성격으로 보고 있다. 철두철미한 정신은 바로 '학문의 근거를 철저하게 세우는 정신'이기도 하다[Immanuel Kant, *Kritik der reinen Vernunft* (초판 1781/재판 1787), 《베를린 학술원판 칸트 전집》, 제3~4권, (hrsg.) von der Königlich Preußischen Akademie der Wissenschaften(Berlin, 1911)(이하에서는 KrV로 약칭); 이마누엘 칸트, 《순수이성 비판》, 최재희 옮김(박영사, 1992), B XLII]. 학문의 근거를 철저하게 세운다는 점에서 헤겔은 칸트와 맥을 같이한다. 하지만 칸트가 학문의 근거를 사태 이전에 이성의 능력에 대한 선험적 검사, 즉 '이성에 대한 이성의 비판'으로 세우고자 했다면, 이에 비해 헤겔은 인식론적으로나 논리적으로 사태의 전개 과정 자체에서 학적 근거를 세우고자 했다고 할 수 있다.

24 여기서 도야Cultur는 문화, 교양 등의 용어로도 옮길 수 있다. Cultur

는 라틴어 cultura에서 유래하며, cultura는 동사 colere의 전성명사이다. colere는 '보살피다, 돌보다, 가꾸다, 개작하다, 경작하다, 재배하다' 등의 의미를 가지고 있다.

25 독일Deutschland은 주지하다시피 '신Deus의 나라Land'라는 뜻을 지니고 있다.

26 여기서 헤겔은 칸트와 독일의 철학자 야코비Friedrich H. Jacobi 등 자신이 '반성 철학'이라고 칭한 대표자의 입장을 고려하고 있는 것으로 생각된다. 반성 철학과의 본격적인 대결 입장을 피력한 헤겔의 글로는《믿음과 앎Gluben und Wissen》(1802)을 들 수 있다. 이 글에서 헤겔은 칸트, 야코비, 피히테Johann G. Fichte의 철학을 '주관성의 반성 철학'으로 규정하면서, 반성 철학의 본질과 한계를 분석하고 있다. 여기서 헤겔은 절대자를 파악하지 못하는 철학의 상태를 '죽음'에 비유하면서 반성 철학의 '추상성'을 비판한다[GW 4, 316, 318쪽; G. W. F. 헤겔,《믿음과 지식》, 황설중 옮김(아카넷, 2003), 18, 23쪽 참조]. 특히 철학사적인 맥락에서 보자면, 칸트를 중점적으로 거론할 수 있을 것이다. 칸트는 자신의 주저인《순수이성 비판》에서 세계와 영혼, 그리고 신에 대해 인식 불가능성을 주장했다. 만일 우리가 세계 자체에 대해 앎의 차원에서 그것의 진위 여부를 논하게 되면 우리는 '이율 배반Antinomie'에 빠지게 된다. 그리고 우리가 영혼 불멸에 대해 앎의 차원에서 그 진위 여부를 논하게 되면 '오류 추리Paralogismus'에 빠지게 된다. 그리고 칸트에 따르면 신의 존재를 우리는 증명할 수 없다. 이처럼 신과 세계, 그리고 영혼은 인식 가능한 현상계를 초월한 가상의 영역에 속한다(KrV, B 349 이하 참조).

27 이 장면은 〈요한복음〉에서 빌라도에게 끌려간 예수와 빌라도 사이에 오고 간 대화를 묘사하고 있다.

"아무튼 네가 왕이냐?" 하고 빌라도가 묻자 예수께서는 "내가 왕이라고 네가 말했다. 나는 오직 진리를 증언하려고 났으며 그 때문에 세상에 왔다. 진리 편에 선 사람은 내 말을 귀담아 듣는다" 하고 대답하셨다. 빌라도는 예수께 "진리가 무엇인가?" 하고 물었다. 빌라도는 이 말을 하고 다시 밖으로 나와 유다인들에게 "나는 이 사람에게서 아무런 죄목도 찾지 못하였다"고 말했다 (《공동번역 성서》, 〈요한복음〉, 18 : 37~38).

'진리가 무엇이냐'라는 반문을 통해 '진리가 없다'는 주장을 하고 있는 빌라도의 경우, 역으로 진리가 없다는 자기 주장이 진리임을 증명해야 하는 필요성이 제기될 수 있다. 따라서 진리의 존재를 부정하는 자도 그 부정의 참됨을 긍정해야 한다는 반론이 제기될 수 있는 것이다.

28 비판 철학은 직접적으로 칸트 철학을 가리킨다. 특히 칸트는 《순수이성 비판》의 〈선험적 변증론〉 중 '순수이성의 이상(理想)'에서 '신 존재 증명의 불가능성'을 세 가지 측면에서 논하고 있다. 존재론적, 우주론적, 자연신학적으로는 신의 존재를 증명할 수 없다. 영혼이나 세계와 마찬가지로 신의 이념도 인식적으로 '구성적인' 역할을 수행할 수 없으며, 단지 '통제적인' 역할만을 수행한다(KrV, B 595 ~732 참조).

29 (저자주) 이러한 고질병(유행병)에 반대한다.

30 이 책의 제목은 본래 《철학적 학문의 백과전서 강요 _Enzyklopädie der philosophischen Wissenschaften im Grundrisse_》이다. 《엔치클로페디》는 헤겔이 뉘른베르크 시기에 김나지움에 있으면서 한 강의를 기초로, 1817년 하이델베르크에서 초판이 간행된 후, 1827년 재판, 그리고 1830년에 삼판까지 간행되었다. 엔치클로페디의 개념에 대한 설명

은 앞의 주 18을 참조하라.

31 헤겔에 따르면, 전체에 속하는 부분은 전체의 관점에서만 제대로 파악될 수 있다. 헤겔은《정신현상학》에서 다음과 같이 말한다.

> 진리는 전체이다. 그러나 여기서 전체는 자신의 발전 과정을 통해서 스스로를 완성하는 본질이다. 절대자에 대해서 우리는 절대자가 본래 결과이며, 종국에 가서야 비로소 절대자가 참으로 무엇인지를 말할 수 있다. 여기에 현실적인 것, 주체 또는 자기 생성이라고 할 수 있는 절대자의 본성이 존립하는 것이다(PhG, 19쪽).

32 헤겔은 1818/1819년 겨울 학기에 '엔치클로페디' 외에도 '자연법과 국가학Naturrecht und Staatswissenschaft'을 강의했다.

33 존재와 이성, 현실과 이성의 관계에 대해서 헤겔은《법철학강요》의 서문에서 다음과 같이 말하고 있다.

> 이성적인 것, 그것은 곧 현실적이며, 또한 현실적인 것, 그것은 곧 이성적이다(TW 7, 24쪽).

이 문장은 마치 '현실적으로 존재하는 것은 모두 이성적이다'라고 하는 주장처럼 받아들여져, 현실을 대하는 의식적 존재로서의 인간의 태도와는 상관없이, 기존의 체제에 대한 고수와 긍정만을 표현하는 주장으로 간주되기도 한다. 그러나 이 문장을 좀 더 면밀히 해석하자면, '이성적인 것은 실현되어야 하고 실현될 수밖에 없으며, 이런 한에서 실현된 것 자체는 이성적이다'라는 의미를 지니고 있다. 물론 여기서 헤겔의 주장이 이성적인 것의 '당위적 실현'을 뜻하지는 않는다. 헤겔은 현실적 존재를 '현존하는 현실로서의 이성'으로, 주관으로서의 이성을 '자기의식적 정신으로서의 이성'으로 표현한다(TW 7, 26쪽). 그리고 헤겔은 이 두 이성을 분리하고 '주관으로서의 이성'이 '현실로서의 이성' 속에서 충족되지 못하는 것은, 의식이 '개념 파악'의 상태로까지 나아가지 못하고 '추상'의 쇠사슬에 묶여 있기 때문이라고 주장한다. 따라서 추상의 관점만 고수하는 이에게는 현실과 이성의 동일성이 제대로 개념 파악될 수 없다. '철학의 과제'가 '존재하는 것을 개념 파악하는 일'이라고 할 때, 개념 파악은 존재 세계를 둘러싸고 있는 다양한 외피들을 벗겨내고 사태의 본질을 제대로 파악하는 것이다. 이럴 경우에만 현실적인 것은 이성적인 것으로 사유 가능하다. 따라서 '이성적인 통찰'이 '현실과의 화해'라고 할 때, 여기서 화해는 이성적 주관이 자신에게 주어진 실존 상태를 무비판적으로 받아들이는 것이 결코 아니다. 오히려 참된 현실과의 화해는 감추어진 사태의 핵심을 제대로 파악할 때에만 가능하다. 이 점에서 현실이 이성과의 동일성을 회복하기 위해서는, 이성적 존재인 인간에게 '십자가'가 상징하는 고통이 요구되는 것이다.

34 헤겔은 이성적 추리와 대비되는 부정적인 의미로 '형식적 추론 Räsonnieren'을 주로 사용한다.

35 철학에 대한 욕구Bedürfniß der Philosophie라는 표현은 이미 예나 시기에 헤겔 철학에서 중요한 위치를 차지한다. 욕구Bedürfniß라는 말은 욕망Begierde과는 달리 일차적으로 '무엇을 필요로 하다'라는 동사 bedürfen에서 온 말이다. 그래서 '철학에 대한 욕구'를 풀어서 말하면, '철학이 반드시 필요한 까닭' 정도로 해석할 수 있다. 헤겔은 공식적으로 발표한 최초의 글《피히테와 셸링 철학 체계의 차이Differenz des Fichte'schen und Schelling'schen Systems der Philosophie》에서 '분

열이야말로 철학에 대한 욕구의 원천'이라고 주장하고 있다[GW 4, 12쪽; G. W. F. 헤겔,《피히테와 셸링 철학 체계의 차이》, 임석진 옮김(지식산업사, 1989), 21쪽 이하 참조]. 무엇보다도 이러한 생각 속에는 당대의 '분열된 삶'에 대한 헤겔의 비판적 의식이 내재해 있다. 헤겔은 자신의 시대를 "인간의 삶에서 통합의 위력Macht der Vereinigung이 사라지고 대립들이 살아 있는 관계lebendige Beziehung와 상호 작용Wechselwirkung을 상실해버리고 제각기 독자성을 획득하게 된"(GW 4, 14쪽) 시대로 보고 있다. 이 시대는 '문명Bildung'이 발달하고 거기에 따라 삶의 표현도 좀 더 다양하게 전개되는 시대이긴 하지만, 그에 따라 '분열의 위력' 또한 점점 더 커지고 '자신을 조화로 재탄생시키려는 삶의 노력들'은 점점 더 낯설고 무의미하게 되어버렸다고 헤겔은 지적한다(GW 4, 14쪽).

헤겔에 따르면 주관과 객관, 신적인 것과 인간적인 것, 유한과 무한, 정신과 자연 사이에 조화로운 관계가 깨지고 통합의 힘이 사라져 분열 현상이 빚어질 때, '철학에 대한 욕구'가 발생한다(GW 4, 14쪽). 그러면 이러한 분열은 왜 발생하는 것인가? 헤겔은 "총체성으로부터 의식이 벗어나 있는 상태"를 "존재와 비존재, 개념과 존재, 유한성과 무한성 속에서의 분열"(GW 4, 15쪽)의 원인으로 간주한다. 이처럼 분열의 직접적인 원인은 '의식'에 있다. 그런데 헤겔은 이러한 분열을 문제시하고 해결의 실마리를 찾을 수 있는 것도 바로 '의식'이라고 생각한다. 따라서 헤겔에 따르면 의식의 상태는 두 가지로 구분되어야 한다. 하나는 분열을 고착화하는 오성Verstand이고, 다른 하나는 고착된 분열을 무화해 총체성의 회복을 꾀하는 이성이다. 어떤 분열의 정도는 의식의 태도에 달려 있다. 즉 반성적 의식은 오성에 머물 수도 있고(GW 4, 13쪽), 이성으로 고양되어 '철학함의 도구'로 쓰일 수도 있다(GW 4, 16쪽). 어떤 특정한 분열을 절대적인 것으로 고착화하는 것이 오성의 입장이라면, 그것을 상대적 분열로 격하시키는 것은 이성이다(GW 4, 14쪽). 오성은 대립자들을 절대적으로 대립시킴으로써 대립자들을 그와 대립하는 타자의 부정으로만 표현한다. 이에 비해 "그렇게 확고해져버린 대립들을 지양하는 것이 이성의 유일한 관심사이다"(GW 4, 13쪽). 헤겔은 철학의 욕구도 오성과 이성에 대응하여 두 가지 측면으로 구분한다. 철학의 욕구 중에서도 "대립편들 중에서 하나를 부정하고 그것을 절대적으로 추상함으로써 발생하는 동일성만을 추구하는 욕구"(GW 4, 40쪽)가 있고, 이와 반대로 "모든 확고한 대립을 무화하는 원리로 침투하고, 제한된 것과 절대자의 연관 관계로 침투하는 데에서 충족되는"(GW 4, 30쪽) 욕구가 있다. 삶의 분열과 관련해서 보자면, 분열에서 비롯된 철학에 대한 욕구는 고착화된 분열을 지양하고 그것을 상대적 분열로 격하시켜 새로운 삶의 총체성을 회복할 때 충족될 수 있다. 그래서 헤겔은 이렇게 충족되는 후자의 욕구를 "사변적 욕구"(GW 4, 8쪽)라고 칭한다.

36 계시Offenbarung는 우선 고대 희랍어 ἀποκάλυψις, 라틴어 revelatio를 뜻한다. ἀποκάλυψις나 revelatio는 '덮개를 벗겨낸다'는 의미를 지니고 있다. 이런 맥락에서 Offenbarung은 '펼쳐 드러냄'을 뜻하는 Enthüllung과 의미를 공유한다. 또한 Offenbarung은 고대 희랍어 ἐπιφάνεια, 라틴어 manifestatio를 뜻한다. ἐπιφάνεια와 manifestatio는 '나타나다'라는 의미를 지니고 있다. 이런 맥락에서 Offenbarung은 '현상'을 뜻하는 Erscheinung과 의미를 공유한다. 헤겔은 《엔치클로페디》에서 '계시'에 대해 다음과 같이 말한다.

참다운 종교, 즉 절대적 정신을 내용으로 하는 그러한 종교의 개념 중에는 본질적으로 종교는 계시되었다는 것geoffenbart, 그것도 신에 의하여 계시되었다는 점이 내포되어 있다. 왜냐하면 앎, 즉 '정신을 실체로 하는 원리'는 자신에 대하여 존재하는 무한한 형식으로서 자기 규정적 원리이므로, 이 원리는 단적으로 현현하는 것manifestieren이기 때문이다. 그리고 정신은 정신 자신에 대해서만 정신이며, 절대적 종교에 있어서는 더 이상 추상적 계기가 아니라, 자기 자신을 현현하는 것이 바로 정신이다…정신으로서의 신의 인식은 더 이상 신앙의 단순한 관념에 그치지 않고, 사유에게, 즉 처음에는 반성적 오성에게, 그리고 개념적으로 파악하는 사유로 나아가야 하는 것이다…정신으로서의 신이 무엇인가 하는 이 점을 올바르고도 분명하게 사상에 있어서 파악하는 데에는 철저한 사변gründliche Spekulation이 필요하다. 무엇보다도 거기에서 신은 자기 자신을 아는 한에서만 신이다. 더 나아가서는 신의 자기 앎은 인간에 있어서의 자기의식이며 신에 관한 인간의 앎이며, 이러한 앎은 신에 있어서의 인간의 자기 앎으로 나아간다고 하는 그런 명제들이 포함되어 있다(GW 20, § 564).

37 학자들 나름의 기준에 따라 시대 구분은 조금씩 차이가 나기 마련이다. 헤겔은 자신의《철학사 강의》에서 근대를 베이컨Francis Bacon과 뵈메Jakob Böhme로부터 시작해서 계몽주의까지로 잡고, 특히 야코비, 칸트, 피히테, 셸링을 근세 독일철학neueste deutsche Philosophie으로 잡고 있다.

38 헤겔은《엔치클로페디》나《미학 강의Vorlesungen über die Ästhetik》등에서, '절대정신' 속에 예술, 종교, 철학을 포함시키고 있다. 예술에는 '직관'이, 종교에는 '표상'이, 그리고 철학에는 '개념 파악'의 방식이 대응한다. 헤겔은 다음과 같이 말한다.

예술의 직관 양식은 형식상으로는 외면적이다. 예술은 주관적인 창작 활동을 하며 실체적인 내용을 많은 독립적인 형태들로 분열시킨다. 종교는 표상 중에서 자기를 전개하면서 분리하며, 분리된 것을 매개한다. 예술은 종교의 총체성에 있어서 하나의 전체로 총괄되어 있을 뿐만 아니라, 또한 단순한 정신적 직관으로 통일되어 있고 그다음 이 직관 중에서 자기의식적 사유로 높여져 있다. 이와 같은 점에서, 철학이라고 하는 학문은 예술과 종교의 통일이다. 그러므로 철학의 지식은 예술과 종교에 대해 사유적으로 인식된 개념이다. 이 개념에 있어서 내용상 상이한 것은 필연적인 것으로 인식되어 있고, 이 필연적인 것은 자유로운 것으로 인식되어 있다(GW 20, §572).

또한 헤겔은《미학 강의》에서 다음과 같이 말한다.

예술 역시 의식의 절대적인 대상이 되는 참된 것에 열중하므로 그것은 정신의 절대적인 영역에 속하게 된다. 그러므로 예술 또한 특별한 의미에서 종교, 그리고 내용상으로는 철학과 같은 기반 위에 선다. 철학 역시 신 외에 다른 것을 사유의 대상으로 삼지 않으므로 본질적으로는 이성의 신학이요, 진리에 봉사한다는 점에서는 지속적인 예배이다.

절대정신이 갈라지는 세 가지 영역은 이처럼 내용이 같기 때문에 그들은 그것들이 각자 다루는 대상, 즉 절대적인 것을 의식화하는 형식의 차이에 따라서만 구분된다…이처럼 정신을 파악하는 첫 번째 형식은 직접적이고 감성적인 지식, 즉 감각적이고 객관적인 형태로 존재하는 것에 대한 지식이다. 그 속에서 절대자는 직관되고 감지된다. 두 번째 형식은 표상하는 의식이며, 마지막 세 번째 형식은 절대정신을 자유롭게 사유하는 것이다(TW 13, 139쪽).

헤겔의 체계 내에서 표상은 정신 철학 중 감정 혹은 감각Gefühl과 사유Denken의 중간에 있다. 지성은 근원적인 소재라고 할 수 있는 감각을 표상으로 고양시키며, 표상 속에서야 비로소 대상화가 시작된다. 헤겔은 표상을 세 단계로 구분한다. 내면화로서의 회상Erinnerung과 구상력Einbildungkraft, 기억Gedächtnis이 그것이다. 지성은 우선 감각을 통해 들어온 내용들과 자신을 분리하면서 스스로를 내면화한다. 그리고 수용된 내용을 외적 객체 없이 하나의 상Bild으로 만들어내며, 기억 속에서 직접적인 의미와는 또 다른 의미를 부여하게 된다(TW 4, 42~53쪽 참조).《엔치클로페디》에서 표상은 정신 철학(주관 정신, 객관 정신, 절대 정신) 중 주관 정신(인간학, 정신현상학, 심리학) 중에서 심리학(이론 정신, 실천 정신, 자유로운 정신) 중 이론 정신(직관, 표상, 사유)에서 두 번째 위치를 차지한다(GW 20, §451 이하 참조).

39 헤겔은《미학 강의》에서 판타지야말로 '가장 뛰어난 예술적 능력'이라고 하면서, 판타지의 가장 중요한 특징으로 '창조적인schaffend' 측면을 주장한다. 그런데 창조적 행위는 그냥 예술가가 자기 나름대로 자유롭게 작업하는 행위라고 할 수는 없다. 헤겔은 창조적 행위에 필요한 요소들을 대략 세 가지 정도 거론한다. 우선, 창조적 행위를 하기 위해서는 현실을 포착하고 이를 기억할 수 있는 능력이 있어야 하며 이것이 예술 작품을 형상화Gestalten하는 데 기초가 된다. 그다음으로 판타지는 수용된 내외적 현실을 그냥 수용만 해서는 안 되며, 구체적인 예술 작품으로 형태화함에 있어 즉자대자적인 진리

와 현실의 이성성을 드러낼 수 있어야 한다. 마지막으로 이렇게 하기 위해서 예술가는 예술적 활동 이전에 삶의 진정한 깊이를 구체적으로 드러내기 위해 많은 것을 경험하고 겪어야 한다(TW 13, 363~366쪽 참조). 그런데 본문에서는 신을 판타지에만 맡기는 태도에 헤겔은 분명히 반대 입장을 취한다. 절대정신인 신은 정신 또는 자기의식으로서의 인간에 의해 개념 파악되어야 한다. 헤겔은 정신과 정신 사이의 개념 매개적 방식을 통해서만 외적인 형식이 지양될 수 있고, 참된 진리가 획득될 수 있다고 본 것이다.

40   여기서 헤겔은 정신이 단지 아버지[성부]로부터 출발하는지 아니면 아버지와 아들[성부와 성자]로부터ex patre filioque 출발하는지 하는 문제와 연관된 '그리스 동방 교회'와 '로마 가톨릭 교회' 간의 논쟁을 염두에 두고 있다. 정신의 진행 과정에 대한 교설에서 이 대립은 서기 400년에 톨레도 종교회의에서 처음으로 시작되었다. '아들[성자]과 함께'라는 교설이 몇 세기 후에 스페인과 프랑스의 종교회의에서 주장되고 난 후, 콘스탄티노플 총대주교인 포티우스Photius는 이 교설을 867년에 동방 교회와 로마 가톨릭 교회 사이의 본질적인 차이 중의 하나라고 선언한다. 그러나 교황권은 '아들과 함께'라는 표현을 쓰지 않고 스페인과 프랑스의 추세에 반대해서 비잔티움의 성경 구절을 고수한다. 11세기 초엽에 이 대립은 비잔티움이 '아들[성자]과 함께'라는 구절을 수용함으로써 로마의 미사에서 문서상으로 확립되기에 이른다.

41   이것은 헤겔이 〈창세기〉에 아담과 하와가 선악과를 따 먹은 사건을 '선악의 분별심'을 갖추게 되는 것에 비유한 구절이다. 창세기에서 선악과를 따 먹도록 유혹하는 '뱀'은 인간 내면의 지혜를 상징한다. 선악과를 따 먹자 아담과 하와는 '눈이 밝아져' 자기들이 알몸인 것을 비로소 알게 된다. 눈이 밝아진다는 것은 분별심을 갖추게 된

다는 말이다. 지혜를 발휘하고 사태를 알아가기 시작할 때, 알려지는 사태와 아는 자는 분리되기 시작한다. 자연과 하나가 되어 살던 인간은 자연을 알 필요도 없었고 알려고도 하지 않았을 것이다. 그러나 선악의 분별심을 갖추게 된 인간은 자신의 생존을 위해서라도 자신 아닌 다른 것들을 하나하나 정확하게 알아나갈 필요가 생긴 것이다. 이렇게 앎을 점점 더 심화해 나가는 과정은 반대로 신과 인간, 자연과 인간, 인간과 인간의 분리가 점점 더 심화되는 과정이기도 하다. 그리고 이러한 분열의 심화는 항상 고통을 동반하기 마련이다. 선악과를 따 먹은 후 에덴 동산에서 쫓겨나면서 아담과 하와는 다음과 같은 벌을 받는다.

그리고 여자에게는 이렇게 말씀하셨다. "너는 아기를 낳을 때 몹시 고생하리라. 고생하지 않고는 아기를 낳지 못하리라…그리고 아담에게는 이렇게 말씀하셨다. "너는 아내의 말에 넘어가 따 먹지 말라고 내가 일찌기 일러둔 나무 열매를 따 먹었으니, 땅 또한 너 때문에 저주를 받으리라. 너는 죽도록 고생해야 먹고살리라. 들에서 나는 곡식을 먹어야 할 터인데, 땅은 가시덤불과 엉겅퀴를 내리라. 너는, 흙에서 난 몸이니 흙으로 돌아가기까지 이마에 땀을 흘려야 낟알을 얻어먹으리라. 너는 먼지이니 먼지로 돌아가리라." …야훼 하느님께서는 가죽옷을 만들어 아담과 그의 아내에게 입혀주셨다. 야훼 하느님께서는 "이제 이 사람이 우리들처럼 선과 악을 알게 되었으니, 손을 내밀어 생명나무 열매까지 따 먹고 끝없이 살게 되어서는 안 되겠다"고 생각하시고 에덴 동산에서 내쫓으시었다. 그리고 땅에서 나왔으므로 땅을 갈아 농사를 짓게 하셨다(《공동번역성서》, 〈창세기〉, 3: 16~23).

그리스 신화에 빗대어 이야기하자면, 자연은 풍요로운 여성, 생명을 잉태하는 가이아를 뜻한다. 그러나 인간의 죄로 인해 얼룩진 대지는 이제 고통 없이는 또 다른 생명을 잉태하지 못하게 된 것이다. 대지는 자신이 죽음으로써만 또 다른 생명을 잉태하게 된 것이다. 또한 대지는 분별심이 있는 인간에게 더 이상 대가 없이 풍요로움을 선사하지 않는다. 힘든 노동을 통해서만 인간은 먹고살 수 있게 된 것이다. 그리고 땅에서 태어난 인간이 그 땅을 갈아서만 먹고살 수 있다면, 땅도 인간도 고통스러움과 수고로움을 면할 길이 없게 된 것이다.

42 '화해'를 뜻하는 독일어 Versöhnung은 '아들을 산출한다'는 의미를 가지고 있다. 아들인 예수를 통해 하느님이 이 세상과 소통했듯이, 여기서 화해는 신적인 정신과 유한한 인간의 화해를 의미한다.

43 철학과 종교의 관계에 대해서는 초기 헤겔로 논의를 거슬러 올라갈 수 있다. 철학 체계를 본격적으로 구상하기 전인 프랑크푸르트 시기에, 헤겔은 종교와 철학에 대해 다음과 같이 말하고 있다.

> 철학은 종교와 더불어 중단되어야만 하는데, 왜냐하면 철학은 하나의 사유이므로, 한편으로는 비사유와의 대립을 지니고 있고, 다른 한편으로는 사유자와 사유된 것의 대립을 지니고 있기 때문이다. 철학은 모든 유한자에서 유한성을 지시해야aufzeigen만 하며 이성을 통해서 유한자의 완성을 요구해야 하고, 특히 자기 자신의 무한자를 통해서 기만적인 면들을 인식하며 진정한 무한자를 자신의 범위 밖에 정립해야만 한다[G. W. F. Hegel, *Theologische Jugendschriften*(1907), (hrsg.) von Hermann Nohl(Frankfurt a. M., 1991), 348쪽].

이 인용문을 말 그대로 해석하자면, 종교가 철학보다 우위에 있고 종교만이 대립을 초월하는 통합의 상태에 다다를 수 있는 입장이다. 반면에 철학은 대립에 고착되어 있는 입장으로 이해된다. 이러한 이해를 토대로 이 시기에 헤겔이 품었던 주요 관심사가 종교적인 데 있었다고 하는 주장이 제기되고 있다. 예를 들어 독일 관념론 연구가 중 한 사람인 콘딜리스Panajotis Kondylis는 '근원적인 존재'는 종교적인 체험을 통해서만 접근할 수 있다고 해석하고 있다. 그는 《피히테와 셸링 철학 체계의 차이》에 가서야 비로소 사변적 사유에 의해 파악될 수 있는 절대적 동일성이 표현된다고 주장한다[Panajotis Kondylis, *Die Entstehung der Dialektik, Eine Analyse der geistigen Entwicklung von Hölderlin, Schelling und Hegel bis 1802*(Stuttgart, 1979), 522~524쪽 참조]. 이러한 입장에 대해 저명한 헤겔 연구가인 키머레Heinz Kimmerle는 헤겔의 초기 이해가 정합적이지 못하다고 하더라도, 그것이 헤겔의 후기 입장에서 극복되어야 하는 불완전한 형식이거나 결함으로 읽혀서는 안 되며, 헤겔의 후기 입장이 초기 입장의 최종 목적으로 파악되어서도 안 된다고 비판하고 있다[Heinz Kimmerle, "Anfange der Dialektik", *Der Weg zum System. Materialien zum jungen Hegel*, (hrsg.) von Christoph Jamme·Helmut Schneider(Frankfurt a. M., 1990), 273~274쪽 참조].

초기 헤겔의 다른 단편들도 마찬가지지만 이 부분에 대한 헤겔의 언급도 나름의 해석이 필요하다. 위 서술에서 등장하는 철학과 종교의 관계를 대립적 관계로만 보아서는 안 되며, 이 둘의 필연적인 연관 관계에 주목할 필요가 있다. 여기서 철학이 종교와 함께 중단되어야 한다는 말은, 철학은 이승에, 종교는 이러한 제한 너머에 관계된다는 것을 의미하는 것이 아니다. 오히려 철학과 종교는 유일한 연속선상에 있으며, 이러한 연속선상에서 반성으로서의 철학은

'자기 본연의 부정성'을 내면에 간직하게 되는 것이다[이하의 내용
은 Hartmut Buchner, "Philosophie und Religion im einigen Ganzen
des Lebens(Zu Hegels *Systemfragment von 1800*)", *All-Einheit*, (hrsg.)
von Dieter Henrich(Stuttgart, 1985), 212~219쪽 참조]. 반성의 역
할은 정립된 유한자를 확보하는 데서 끝나지 않고, 이 유한자 너머
에 진정한 무한자가 있음을 다시금 정립하는 데 있다. 바로 이 점
에서 이성의 '부정성'이 적극적인 역할을 한다는 사실이 드러난
다. 모든 유한자 속에서 유한성을 지시하는 것은 유한성 자체가 어
떻게 비진리인가를 지시하는 것을 의미한다. 유한자의 비진리성
은 무한자와의 대립 속에서 반성을 고집하는 데서 발생하므로, 모
든 유한자 속에서 유한성을 지시하는 것은 반성의 비진리성을 지시
하는 것이나 다름없다. 그래서 모든 유한자 속에서 유한성을 지시
해주어야 하는 철학은, 반대로 진정한 무한자가 어떤 것인지를 미
리 예견하는 위치에 있을 때에만 자신의 역할을 다할 수 있다. 이
렇게 미리 예견함으로써 철학은 자신의 유한하고 반성적으로 규정
된 작용 방식을 스스로 지양할 수 있는 것이다. 이렇게 본다면 철학
은 반성 작용과 동시에 이미 진정한 무한자에 대한 요구를 선취해
야만 하는 것이다. 철학에게 이러한 요구를 가능하게 하는 것이 '부
정적 이성'이며, '회의주의적 이성'이다. 헤겔에 따르면 이러한 부
정적 이성에 의해 수행되는 부정적 철학이 종교에 필연적으로 선
행해야 하며, 자기 본연의 부정성을 이해하고 그것을 지니고 있는
사유 그 자체가 진정한 무한성의 드러남이나 산출이 되는 것이다
[Hartmut Buchner, "Philosophie und Religion im einigen Ganzen
des Lebens(Zu Hegels *Systemfragment von 1800*)", 218~219쪽 참
조]. 초기에 헤겔이 통일의 원리로 주장한 삶의 측면에서 보자면,
살아 있는 다양한 것이 개별적인 것으로서 자신을 정립하고 자립하

며 대립시킬 수 있는 근거는, 동시에 개별화된 부분적 삶이 자신의 부분적 존재로부터 탈피하여 무한한 삶으로 고양될 수 있는 근거이기도 하다. 따라서 살아 있는 개별자의 자기 억류 혹은 본래적인 부자유로 파악될 수 있는 개별자의 정립 작용이나 실정화는, 동시에 자유롭게 됨Freiwerden으로서의 '유한한 삶의 무한한 삶으로의 자기 고양'인 것이다. 그래서 '부자유의 근거'는 동시에 '자유의 근거'라고도 할 수 있다. 이러한 점은 '분열의 극단화'가 바로 '새로운 통합의 시작'이라는 헤겔의 논의와 연관하여 생각될 수 있다. 헤겔은 오성은 유동적인 규정들에게 '고정적인 존립'을 부여해주는 것으로 자신의 임무를 다하며, 이러한 고착화된 규정들을 '변증법적 힘'을 통해 통일에까지 이끌어나가는 것은 이성의 몫이라고 한다. 그러나 오성과 이성은 분리되는 것이 아니라 연속선상에 있다. "어떤 것이 도달할 수 있는 가장 성숙한 단계는 바로 그 속에서 어떤 것의 몰락이 시작되는 단계이다"(GW 12, 42~43쪽). 이러한 관점에서 본다면, 삶은 개념 파악될 수 있으며 될 수 있어야 한다. 그러나 여기서의 개념 파악은 더 이상 오성적 개념에 국한되지 않고, 반성에 의해 규정들을 산출하고 대립시키면서 다시 이들을 무화하고 더 근원적인 통일을 재산출하는 '사변적 개념 파악'이다.

44 아리스토텔레스의 《형이상학Metaphysica》 1권에는 다음과 같이 표현되어 있다.

분명히 우리는 다른 어떤 유용한 목적을 위해 지식을 추구하지는 않는다. 사람들은 말하길, 인간은 자유롭고, 그렇기에 그는 스스로를 위해서 실존하는 것이지 자신 아닌 다른 것을 위해서 실존하지는 않는다. 그래서 인간만이 스스로를 위해서 실존하기 때문에[자유롭게 존재하기 때문에], 우리는 이 학문을 유일하게 자유로운 학문으로 추구할 수 있는 것이다(Aristoteles, *Metaphysica*, 982b25~28).

45 근거나 실체에 대해서는 주 50을 참조하라.

46 보통 반성 철학과의 대결 속에서 헤겔이 '형식적'이라고 할 때에는 '내용이 없는 공허한'이라는 의미로 사용된다. 그러나 여기서 '형식적 도야'는 이러한 부정적인 의미보다는 긍정적인 의미를 지닌다. 헤겔은 형식적 도야라는 개념을《법철학강요》나《역시철학 강의*Vorlesungen über die Philosophie der Geschichte*》에서 최종적으로 발전시킨다. 헤겔에 따르면 형식적 도야는 '보편성에 이르도록 하는 도야'이다[G. W. F. Hegel, *Vorlesungen über die Philosophie der Weltgeschichte*, 제1권, *Die Vernunft in der Geschichte*, (hrsg). von Johannes Hoffmeister(Hamburg, 1955), 173쪽]. 여기서 보편성은 모든 특수한 것들을 수렴하는 보편적 사유의 틀을 의미한다. 헤겔은 '형식적 도야'를 근대 국가에서의 교육의 본질적인 특성으로 보며, 이 도야는 예술, 종교, 철학에 의해 이루어진다고 본다. 그 까닭은, 근대인의 의식에서는 어떤 진리 내용도 단편적일 수밖에 없으므로 개별적인 특수한 상황과 조건을 고려하여 비판적으로 검증되고 받아들여져야 하기 때문이다. 그리고 국가적 삶이 이러한 모든 개별적인 특수성들을 포괄하는 보편성에 기여한다. 이 점에서 '형식적 도야'는 진리 내용을 무비판적으로 수용하게 하는 '내용적 도야'와는 달리, 역사와 사회를 비판할 수 있는 의식 향상을 목표로 하는 비판적 의식 형성의 과정이자, 가능한 한 역사와 여러 문화들이 지닌 특수성들을 하나의 보편성으로 수렴시키는 것이다.

형식적 도야는 세 가지 실재적인 계기를 지닌다. 우선, 한 대상을 다른 대상과 '구분하기Unterscheiden'가 첫 번째 계기다. 그다음 '자기 안으로의 몰입Insichgehen'이 두 번째 계기다. 마지막으로 '어떤 특정한 것에서 재빨리 다른 것으로 나아가기'인데, 이것은 '정신의 움직임'을 촉진하는 것이다. 이 능력은 '흥미로운 규정과 대상의 다양성'에 의해 자극된다. 이와 같은 세 계기를 통해 형식적 도야는 근대인의 생활에 필수적인 사고방식을 형성하는 데 중요한 역할을 한다[G. W. F. Hegel, *Vorlesungen über die Rechtsphilosophie*(1818 ~1831), 전6권, (Hrsg·Kommentar) von Karl-Heinz Ilting (Stuttgart-Bad Cannstatt, 1973ff) 중 제3권, *Philosophie des Rechts, Nach der Vorlesungsnachschrift* von Heinlich Gustav Hotho 1822/23, 603쪽 이하]. 이것은 헤겔이 뉘른베르크 시기에 언급한 '이론적 교육'의 세 계기에 상응한다[G. W. F. Hegel, *Nürnberger Schriften. Texte, Reden, Berichte und Gutachten zum Nurnberger Gymnasialunterricht*, (hrsg.) von Johannes Hoffmeister(Leipzig, 1938), 182쪽 이하]. 형식적 도야에 대한 구상은 《미학 강의》에서 헤겔이 규정한 근대적 예술의 의미와 역할을 한층 더 명확하게 해준다. 즉 근대에서 예술은 형식적 도야의 매체가 된다. 이러한 매체로서 예술은 역사적으로나 문화적으로나 어느 특정한 시대와 공간에 제한되지 않고, 단편적인 여러 세계관과 다양한 이념의 특수성을 제시하고 매개하는 역할을 한다. 이처럼 예술에 의해 행해지는 형식적 도야는 곧 '역사·문화적 도야'이기도 하다['형식적 도야'에 관한 논의는 권정임, 〈"상징적 예술 형식"의 해석을 통해서 본 헤겔 미학의 현재적 의미〉, 《미학·예술학 연구》 제8권(한국미학예술학회, 1998) 중 특히 제3부의 〈형식적 도야의 매체로서 예술〉 부분을 참조하라].

47 '품성Charakter'은 보통 '성격'으로 번역되기도 한다. 헤겔은 《미학 강의》에서, 인간의 개별성 속에서 나타나는 행위의 보편적이고 실체적인 위력들을 '파토스Pathos'라고 규정하면서, 이 위력들이 개인 속

에서 총체적인 동시에 개별적인 형태로 나타나는 것을 '개성'이자 '구체적인 정신력과 주체성을 지닌 인간의 성격'이라고 한다. 헤겔에 따르면 예술 작품에서 신들이 인간적인 파토스가 되어 구체적인 행위 속에서 드러날 때 그 파토스가 바로 '인간의 성격'이 된다(TW 13, 306쪽 이하 참조). 그러므로 개인의 성격이나 품성은 단순히 개별적인 것만이 아니라 보편적이며 총체적인 성격을 동시에 지니고 있는 것이다. 따라서 도야되지 않은 개성을 품성이나 성격이라고 할 수는 없다.

48 그러나 헤겔 고유의 관점에서 볼 때, 자연Natur과 역사Geschichte라는 두 용어는 서로 어울릴 수 없는 말이다. 헤겔은《정신현상학》에서 유기적 자연을 다루는 '관찰하는 이성' 부분에서, '자연적 삶'은 자신을 자신과 매개시키는 형태의 체계를 산출하지 못하기에, 자연은 어떤 역사도 지니지 않는다고 단언하고 있다. 이와 반대로 의식의 체계적인 형태는 전체로 자신을 질서 지워나가는 '정신의 삶'으로서 역사를 이룬다. 헤겔에 따르면 '정신적 삶'에서 보편자는 개별자와 대자적으로 매개되는 반면에, 유기체에 있어서 자연의 보편자는 개별자로 하강해버리며, 삶의 활동이 개별적 생명성 속에 있기는 하지만, 오직 개별적 생명성의 한 점에만 제한되어 있게 된다. 왜냐하면 개별적인 유기체 속에는 전체가 없고, 유기체는 전체로서 대자적이지 않기 때문이다. 따라서 정신과 달리 자연에서는 어떤 역사도 가능하지 않은 것이다(PhG, 165~166쪽 참조).

49 여기서 지지점들Stützpunkte은 바로 뒤에 나오는 '근거'라든지 '기체'라는 개념과 연관해서 생각해야 한다. 이에 대해서는 주 50을 참조하라.

50 '근거'는 독일어 Grundlage, '기체'는 독일어 Subjekt를 옮긴 것이다. Subjekt는 보통 주체로 번역되지만, 여기서는 어원적 의미를 살려

기체라고 했다. Subjekt는 헬라스어 휘포케이메논ὑποκείμενον과 라틴어 수브예크툼subiectum에서 유래된 말로, 어원적으로 보자면 '~밑에 서다'라는 의미를 지니고 있다. 이런 맥락에서 보면 Subjekt는 보통 '실체'로 번역되는 Substanz라는 말의 의미와 같다. 왜냐하면 Substanz는 헬라스어 우시아οὐσία 또는 휘포스타시스ὑπόστασις와 라틴어 수브스탄티아substantia에서 유래한 말로, 이 또한 본래 '~아래에 서 있다'라는 의미를 지니고 있기 때문이다. 그래서 Subjekt와 Substanz는 주체와 실체로 번역되기 이전에 모두 '기체'로 번역할 수 있고, 이 점에서 '밑바탕'이나 기초를 의미하는 '근거'와 맥락이 닿는 말이다.

51 '섬뜩함Grauen은 '공포'나 '전율'을 뜻하기도 하지만, '새벽'이나 '여명'을 뜻하기도 한다. 본래 grau는 해가 질 무렵의 으슴푸레한 잿빛을 의미하는 말로, 경우에 따라서는 '절망적인 암담한 상황'을 표현할 때 비유적으로 쓰이기도 한다. 헤겔은 《법철학강요》에서 다음과 같이 말하고 있다.

> 현실이 자신의 형성 과정을 완성하고 완결된 후에야 비로소 철학은 세계의 사상Gedanke으로 시간 속에 현상된다. 개념이 가르쳐주는 바로 이것을 역사도 똑같이 필연적으로 보여주는데, 그것은 바로 현실이 무르익고 난 다음에야 이상적인 것das Ideale이 실제에 맞서서 나타나며 그와 같은 세계를 실체의 상태에서 파악하여 지적인 왕국의 형태로 건립한다는 것이다. 철학이 회색을 회색으로 칠할 때, 이미 이전의 삶의 형태는 노후되어버리고만 상태이다. 회색을 회색으로 칠함으로써 철학은 스스로를 젊게 하는 것이 아니라 도리어 인식만 할 수 있을 뿐이다. 미네르

바의 부엉이는 황혼이 깃들 무렵에야 날갯짓을 시작한다(TW 7, 28쪽).

이 인용문에서, 철학의 역할은 현실을 쫓아가면서 세계를 해석하는 데 있을 뿐이라고 해석하면, 철학은 헤겔의 말대로 '회색을 회색으로 덧칠하여' 구태의연한 노인의 모습을 띨 수밖에 없다. 그러나 철학의 역할은 완결되어 자신에게 주어진 이진 세계를 개념 파악하는 데에만 있지는 않다. 더 나아가 철학은 과거에 대한 개념 파악을 통해 앞으로 다가올 앞날을 전망하는 청년의 역할도 수행해야 한다. 하루가 저문다는 것은 또 다른 하루의 여명을 준비하는 과정으로서 의미가 있기 때문이다.

52 BH 1, 98쪽.

53 빈 회의는 나폴레옹 실각 이후 유럽 각 나라 간에 국경선을 새로이 조정하거나 원상 복귀시키기 위한 목적으로 메테르니히Clemens Fürst von Metternich의 주도하에 개최된 모임이다. 이 회의에 참석한 유럽 각국의 대표들은 프랑스 혁명에서 비롯된 것은 결국 공포와 전쟁, 재앙뿐이라는 점에 의견 일치를 보고, 자유의 이념에 기반한 프랑스 혁명 정신이 확산되는 것을 막기 위한 여러 가지 제도적 장치를 고안하기 시작했다. 따라서 안정과 평화를 회복한다는 명분을 내세운 이 회의는 본래의 프랑스 혁명 정신의 말살을 목표로 하여 군대와 비밀경찰, 검열제도 등을 대폭 강화하였으며 복고주의적 의도를 분명히 했다.

54 신성 동맹은 러시아 황제 알렉산더 1세의 제안으로 1815년 9월 러시아, 오스트리아, 프로이센 간에 혁명의 저지를 위한 상호 원조와 협력을 목적으로 체결된 동맹이다. 그 후 2년 만에 교황과 터키 황제를 제외한 모든 유럽의 지배자들이 이 동맹에 가입하였다. 이로

써 유럽의 지배자들은 기독교를 현존 정치 질서의 근거로 삼아 왕권 신수설을 재확립하려고 하였다. 그 후 이 신성 동맹을 근거로 하는 집행 기관은 러시아, 오스트리아, 프로이센 3국에 영국까지 포함한 '4국 동맹'으로 발전했다가 뒤이어 프랑스까지 가담함으로써 '5국 동맹'으로 확대되었다. 이 동맹은 한 마디로 정통주의와 복고주의 정신으로 빈 조약을 체결한 유럽 각국의 지도자들이 혁명의 재발을 막고 유럽의 반동적인 질서를 유지하기 위해 공동 보조를 맞춘 결과물이라고 할 수 있다.

55 BH 2, 28쪽.

56 파울루스(1761~1851)는 튀빙겐 신학교에서 공부하고, 1793년부터는 예나에서 복음신학 교수를 역임했다. 뷔르츠부르크와 밤베르크를 거쳐, 1810년 헤겔이 새로 부임할 때까지 1808년부터 뉘른베르크에서 학교장으로 근무했으며, 1810년부터는 하이델베르크에서 철학과 신학 교수직을 역임하였다. 그는 니트함머의 주선으로 헤겔을 알게 되었는데, 헤겔이 하이델베르크로 갈 때 중요한 역할을 담당하게 된다. 그러나 하이델베르크에서 보스Johann Heinrich Voss 교수를 중심으로 한 교수 단체에 가담하게 되면서부터 헤겔과 거리가 멀어지게 된다. 특히 뷔르템베르크의 헌법 문제와 관련해서 입장 차이를 보이면서, 결국 친밀했던 두 사람은 완전히 인연을 끊고 만다.

57 BH 2, 31쪽.

58 BH 2, 74쪽.

59 5월 28일, 6월 13일, 7월 20일 그리고 7월 30일 편지가 있다. BH 2, 77, 80~83쪽, 90쪽 이하, 93쪽 이하.

60 BH 2, 94~96쪽.

61 BH 2, 113쪽.

62 BH 2, 147쪽 이하.

63 1819년 러시아의 간첩으로 지목된 코체뷰가 잔트라는 학생에 의해 살해되는 사건이 일어나자, 메테르니히는 이를 전체 유럽의 혁명적 지하 운동의 일환으로 단정하였다. 그는 프로이센을 비롯한 10개국의 대표들을 카를스바트에 소집하여 대학에 대한 국가의 엄격한 감독, 출판물에 대한 검열, 반체제 음모에 대한 철저한 조사 등을 결의했다. 이것이 이른바 '카를스바트 결의'다.

64 BH 2, 112쪽.

65 1816년 8월 15일 프로이센의 내무장관 슈크만의 편지와 이에 대한 8월 28일 자 헤겔의 답신을 참조하라(BH 2, 111쪽 이하, 123쪽).

66 Günther Nicolin(hrsg.), *Hegel in Berichten seiner Zeitgenossen*(Berlin, 1971), 189쪽.

67 1817년 12월 26일 자 편지 참조(BH 2, 170쪽 이하).

68 1818년 4월 30일 자 프로이센 문교부 장관의 편지와 졸거의 편지 참조(BH 2, 188쪽 이하, 189쪽).

69 1818년 7월 17일 편지(BH 2, 191~193쪽).

70 TW 11, 58쪽.

71 Johann H. Trede, "Hegels frühe Logik(1801~1803/04)—Versuch einer systematischen Rekonstruktion", *Hegel-Studien*, 제7권, (hrsg.) von Friedrich Nicolin·Otto Pöggeler(Bonn, 1972), 131쪽 이하 참조.

72 GW 4, 15쪽.

73 GW 4, 17쪽.

74 GW 4, 17쪽.

75 GW 4, 17쪽.

76 GW 4, 18쪽.

77 Johann H. Trede, "Hegels frühe Logik(1801~1803/04)—Versuch einer systematischen Rekonstruktion", *Hegel-Studien*, 제7권, 132쪽.

78 GW 4, 18쪽.

79 Johann H. Trede, "Hegels frühe Logik(1801~1803/04)—Versuch einer systematischen Rekonstruktion", *Hegel-Studien*, 제7권, 132~133쪽.

80 GW 4, 13~14쪽.

81 GW 7, 26쪽 참조.

82 PhG, 26~27쪽 참조.

83 PhG, 47~48쪽 참조.

84 PhG, 15쪽.

85 헤르베르트 슈네델바흐, 《헤겔 이후의 역사철학》, 이한우 옮김(문예출판사, 1987), 7~8쪽.

86 Wilhelm Dilthey, *Die Wissenschaften vom Menschen, der Gesellschaft und der Geschichte*, 《딜타이 전집*Gesammelte Schriften*》, 제18권(Stuttgart, 1977), 44쪽. 여기서 딜타이는 헤겔이 전제적으로 구상한 '이념'이나 '정신'을 가지고 그 이전의 철학적 입장들을 재구성하기 때문에, 그 이전의 다양한 철학적 입장들을 다양한 관점에서 해석할 수 있는 여지를 마련해주지 못한다고 비판하는 것이다.

87 Hans-Georg Gadamer, *Wahrheit und Methode*(Tübingen, 1965), 338쪽 참조.

88 Johannes Hoffmeister(hrsg.), *Dokumente zu Hegels Entwicklung*(Stuttgart, 1936), 9쪽 이하.

89 게오르그 비더만, 《헤겔》, 강대석 옮김(서광사, 1999), 23쪽.

90 이러한 주장을 가장 강력하게 펼친 이는 키머레Heinz Kimmerle이다. Heinz Kimmerle, "Zum Verhältnis von Geschichte und

Philosophie im Denken Heges", *Das Problem der Abgeschlossenheit des Denkens*(Bonn, 1970) 301~312쪽. 키머레의 이러한 주장에 대해 찜멀리Walther Chr. Zimmerli는 청년기 헤겔의 저작에서 나타나는 '종교와 종교사의 관계'를 '철학과 철학사'라는 후기 헤겔이 규정한 관계의 선례로 보면서, 예나 초기에도 헤겔에게 철학사에 관한 이론이 있었다는 견해를 피력한다. Walther Chr. Zimmerli, "Geschichtsphilo-sophie und Philosophiegeschichte im Denken des jungen Hegel. Ansätze zu einer Theorie der Philosophiegeschichte", *Natur und Geschichte*, (hrsg.) von Kurt Hübner(Hamburg, 1973), 470~479쪽 참조.

91 GW 4, 9쪽 이하 참조.

92 Karl Rosenkranz, *Hegels Leben*(Berlin, 1844), 191쪽 이하 참조.

93 클라우스 뒤징, 《헤겔과 철학사》, 서정혁 옮김(동과서, 2003), 25쪽 참조.

94 스피노자Benedictus de Spinoza는 데카르트René Descartes의 실체 이원론을 지양하여, 신을 유일 실체로 하는 실체 일원론을 주장했다. 스피노자의 주장은 '신이 곧 유일 실체요 자연이다Deus sive substantia sive natura'라는 명제로 압축될 수 있다. 데카르트와 달리 스피노자의 실체론에서는 신만이 실체이며, 정신과 물체는 신의 속성들이다. 헤겔은 스피노자 철학에서 '모든 규정은 부정이다Omnis determinatio est negatio'라는 명제와 '부정의 부정'을 통한 긍정의 확보라는 변증법적 방법론을 발전시킨다. 그러나 헤겔은 스피노자가 절대적 실체인 신에 대해 필연적이며 참된 입장을 서술하고 있다고 인정하면서도, 그의 학설이 지닌 한계를 비판하기도 한다. 즉 헤겔은 스피노자가 기하학적 방법을 사용함으로써 '외적 반성'의 한계를 벗어나지 못하고 있다고 비판한다. 그리고 스피노자가 주장한 실체는 '순

수하며 절대적인 주체성'에 이르지 못하고, 경직되고 죽어 있으며 필연성에 얽매여 있다고 비판한다. 이에 대해서는, 클라우스 뒤징, 《헤겔과 철학사》, 193쪽 이하를 참조할 것. 그리고 헤겔과 스피노자의 관계에 대해서는, 피에르 마슈레, 《헤겔 또는 스피노자》, 진태원 옮김(이제이북스, 2004)를 참조하라.

95   클라우스 뒤징, 《헤겔과 철학사》, 27~28쪽 참조.

96   TW 18, 24쪽.

97   TW 18, 30쪽.

98   TW 18, 23쪽.

99   TW 18, 23쪽.

100 TW 18, 41쪽.

101 TW 18, 41~42쪽.

102 TW 18, 35쪽.

103 TW 18, 21쪽 참조.

104 TW 18, 22쪽 참조.

105 TW 18, 47쪽.

106 TW 18, 40쪽 이하 참조.

107 클라우스 뒤징, 《헤겔과 철학사》, 35~36쪽 참조.

108 Antonio Sabetti, *Hegel e il problema della filosofia come storia*(1957), 제2판(Neapel, 1967), 7~17, 37~56쪽 참조.

109 Heinz Malorny, "Philosophie und Philosophiegeschichte bei Hegel", *Hegel und Wir*, (hrsg.) von Erhard Lange(Berlin, 1970), 133~173쪽 참조.

110 TW 18, 49쪽.

111 클라우스 뒤징, 《헤겔과 철학사》, 65쪽 참조.

112 Andreas L. Kym, *Hegels Dialektik in ihrer Anwendung auf die*

Geschichte der Philosophie(Zürich, 1849) 참조.

113 TW 18, 49쪽.

114 클라우스 뒤징,《헤겔과 철학사》, 37쪽.

115 GW 11, 383쪽.

116 GW 11, 384쪽 참조.

117 클라우스 뒤징,《헤겔과 철학사》, 39쪽.

118 TW 18, 59쪽 참조.

119 TW 18, 60쪽.

120 TW 18, 68쪽.

121 TW 18, 64~65쪽.

122 TW 18, 49쪽.

123 TW 18, 61쪽.

124 TW 18, 61쪽.

125 TW 18, 62~63쪽.

126 TW 18, 58쪽.

127 TW 18, 58쪽.

128 이하는 졸고, 〈헤겔의 철학 체계에서 '삶' 개념〉(연세대학교 박사학위 논문, 2004) 중 제5부 '삶과 학문의 체계:《엔치클로페디》'에 기초하여 작성된 글이다.

129 GW 20, §14.

130 GW 13, 5쪽.

131 GW 19, 12쪽.

132 GW 19, 11쪽.

133 GW 20, §14 참조.

134 GW 20, §15 참조.

135 GW 20, §16 참조.

136 GW 20, 29쪽.

137 GW 20, §18.

138 GW 20, §18 참조.

139 GW 20, §1.

140 재판에서 이 구절이 생략되었다가 삼판에서 다시 첨가되는 것은 또
다른 체계 구상 때문이 아니라 오히려 이 구절에 표현된 형태가 약
간 불확실했기 때문인 것으로 추정되기도 한다. Herbert Schnädel-
bach(hrsg.), *Hegels Philosophie Kommentare zu den Hauptwerken*, 제3
권, *Hegels 《Enzyklopädie der philosophischen Wissenschaften》*(1830)—
Ein Kommentar zum Systemgrundriß(Frankfurt a. M., 2000), 479
쪽. 참고로《엔치클로페디》를 마무리 짓는 계시 종교에서부터 세 가
지 추론을 포함하는 끝부분까지는 예슈케Walter Jaeschke가 주석했다.

141 Michael Theunissen, *Hegels Lehre vom absoluten Geist als theologisch-
politischer Traktat*(Berlin, 1970), 309쪽 이하; Emil Angehrn, *Freiheit
und System*(Berlin, 1977), 398쪽 이하; Lourencino B. Puntel,
*Darstellung, Methode und Struktur—Untersuchungen zur Einheit der
systematischen Philosophie G. W. F. Hegels*, Hegel-Studien Beiheft
10(Bonn, 1981), 45, 322쪽 이하 참조.

142 GW 20, §575.

143 GW 20, §576.

144 GW 20, §577.

145 GW 20, §577 참조.

146 Herbert Schnädelbach(hrsg.), *Hegels Philosophie Kommentare zu den
Hauptwerken*, 제3권, 478쪽.

147 Michael Theunissen, *Hegels Lehre vom absoluten Geist als theologisch-
politischer Traktat*, 311쪽 이하 참조. 계시 종교에 관련된 논의는

GW 20, §567~§570에 나온다.

148 GW 19, §571 참조. 계시 종교에 해당하는 이 절에서 헤겔은 다음과 같이 언급하고 있다. "[정신의] 자기 자신과의 절대적 매개 과정의 유일한 추론을 이루는 이 세 가지 추론은 정신의 계시Offenbarung로서, 이러한 계시는 표상의 구체적인 형태의 원환적 흐름에서 정신의 삶을 드러낸다."

149 Herbert Schnädelbach(hrsg.), *Hegels Philosophie Kommentare zu den Hauptwerken*, 제3권, 479~480쪽.

150 Lourencino B. Puntel, *Darstellung, Methode und Struktur—Untersuchungen zur Einheit der systematischen Philosophie G. W. F. Hegels*, Hegel-Studien Beiheft 10, 324, 335쪽 참조.

151 Lourencino B. Puntel, *Darstellung, Methode und Struktur—Untersuchungen zur Einheit der systematischen Philosophie G. W. F. Hegels*, Hegel-Studien Beiheft 10, 45쪽 이하 참조.

152 Emil Angehrn, *Freiheit und System*, 398쪽 이하.

153 Lourencino B. Puntel, *Darstellung, Methode und Struktur—Untersuchungen zur Einheit der systematischen Philosophie G. W. F. Hegels*, Hegel-Studien Beiheft 10, 47쪽 참조.

154 Emil Angehrn, *Freiheit und System*, 400쪽 이하 참조.

155 TW 8, §187 보유(補遺)Zusatz 참조.

156 TW 8, §187 보유.

157 GW 20, §181.

158 GW 20, §181 참조.

159 헤겔이 세 가지 추론을 논의하면서 《대논리학》이나 《엔치클로페디》의 추론에 나오는 논의를 어느 정도 고려하고 있는지에 대해 의문을 제기할 수 있으나, 헤겔이 이 세 가지 추론을 '완전한 삼단논

법'으로 구상했다는 것은 분명하다. Herbert Schnädelbach(hrsg.), *Hegels Philosophie Kommentare zu den Hauptwerken*, 제3권, 480쪽 이하 참조. 헤겔 연구가인 예슈케는 완전한 삼단논법에 관한 구상을 플라톤의 《티마이오스*Timaios*》편에 등장하는 '아름다운 결속schönes Band'에 관한 학설과 관련하여 논의하고 있다.

160 GW 20, §181.

161 Jan Beaufort. *Die Drei Schlüsse, Untersuchungen zur Stellung der 《Phänomenologie》in Hegels System der Wissenschaft*(Würzburg, 1983), 214쪽 이하 참조.

162 물론 연역적 논증에서 일어날 수 없는 한 가지 일은, 모두 참된 전제에서 거짓된 결론을 타당하게 연역해내는 것이다. 이 경우에는 유일하게 추론의 타당성 여부가 결론의 진리성 여부를 결정한다고 할 수 있다. 그런데 이때에도 전제가 모두 참이라는 조건을 만족시켜야 한다. 만일 진리성 여부가 외적 실재와의 관계 속에서 결정된다면, 결국 이 경우에도 추론의 진리성은 추론의 타당성이 아니라, 여전히 추론 외부의 실재와 관련되어 있다고 할 수 있다.

163 GW 20, §185 참조.

164 GW 20, §188, §189 참조.

165 이 표기는《엔치클로페디》를 염두에 둔 표기이다. L은 논리Logik를, N은 자연Natur을, G는 정신Geist을 줄인 것이다.

166 헤겔은《대논리학》의 현존재 추론에서 이러한 격이론을 다루고 있는데, 제2격과 제3격이 헤겔에서는 서로 바뀌어 있다. 이에 대해서는 윤병태,《개념논리학》(철학과 현실사, 2000), 227쪽 이하 참조.

167 GW 20, §574.

168 Lourencino B. Puntel, *Darstellung, Methode und Struktur— Untersuchungen zur Einheit der systematischen Philosophie G. W. F.*

Hegels, Hegel-Studien Beiheft 10, 47쪽 참조.

169 GW 20, §18.

170 GW 20, §247.

171 GW 20, §250.

172 TW 9, §246 보유.

173 Nicolas Février, "Die Naturphilosophie(1830) Hegels und die aristotelische Tradition", *Philosophisches Jahrbuch*, 제107권, 2000. 1. Halbband(Freiburg·München, 2000), 159쪽 참조. 자연의 범주가 본래 자연적인 것이 아니라 이념적인 것이며 이념에서 유래한다는 사실은, 자연의 무력함을 보여주는 또 하나의 측면이다. 왜냐하면 그렇기 때문에 자연을 규정하는 필연성이 자연에게는 낯선 규정이 되기 때문이다. 이에 비해 정신은 자연에서 이념으로 복귀하면서 이념적 규정을 정신 자신의 규정으로 파악할 수 있다. Dieter Wandschneider·Vittorio Hösle, "Die Entäusserung der Idee zur Natur und ihre zeitliche Entfaltung als Geist bei Hegel", *Hegel-Studien*, 제18권, (hrsg.) von Friedrich Nicolin·Otto Pöggeler(Bonn, 1975), 180쪽.

174 Dieter Wandschneider·Vittorio Hösle, "Die Entäusserung der Idee zur Natur und ihre zeitliche Entfaltung als Geist bei Hegel", *Hegel-Studien*, 제18권.

175 GW 13, 539쪽.

176 GW 13, §475.

177 GW 20, §575 참조.

178 GW 13, 539쪽.

179 Adriaan Peperzak, *Selbsterkenntnis des Absoluten. Grundlinien der Hegelschen Philosophie des Geistes*(Stuttgart-Bad Cannstatt, 1987),

135쪽 참조.

180 《법철학강요》 §4에서 법체계는 '제2의 자연'이라고 불린다(TW 7, §4 참조). 또한 《엔치클로페디》의 §18과 §247에 나오는 자연에 관한 순수 형식적 정의는 정신의 경험적 양상에도 적용될 수 있다.

181 GW 20, §193 참조.

182 Adriaan Peperzak, *Selbsterkenntnis des Absoluten. Grundlinien der Hegelschen Philosophie des Geistes*, 144~145쪽.

183 Herbert Schnädelbach(hrsg.), *Hegels Philosophie Kommentare zu den Hauptwerken*, 제3권, 484쪽.

184 Herbert Schnädelbach(hrsg.), *Hegels Philosophie Kommentare zu den Hauptwerken*, 제3권, 486쪽.

185 GW 19, 18쪽.

186 GW 5, 365~366쪽.

초보자들이 헤겔 철학을 이해하는 데 도움을 주기 위해, 국내에서 번역된 헤겔의 원전들과 입문적 연구서들을 소개한다.

1. 헤겔 원전

G. W. F. 헤겔, 《논리학 서론·철학백과 서론》, 김소영 옮김(책세상, 2002)

헤겔의 《대논리학》과 《엔치클로페디》두 저작의 서론 부분만을 번역하여 엮은 책이다. 헤겔의 《대논리학》은 헤겔 철학 체계의 기초가 되며, 《엔치클로페디》는 헤겔의 철학 체계를 가장 명시적으로 보여주는 저서이다. 이 두 저작의 서론을 통해, 본문에서 논의된 헤겔 철학 체계의 성격을 보다 정확히 알 수 있다.

G. W. F. 헤겔, 《믿음과 지식》, 황설중 옮김(아카넷, 2003)

예나 초기에 저술된 이 글에서 헤겔은 칸트, 야코비, 피히테 철학을 주관의 반성 철학으로 규정하면서 그 한계성을 지적하고 있다. 본문에서 논의된 보통의 오성, 즉 상식의 입장에 대한 헤겔의 비판적 문제의식을 이글을 통해 상세히 알 수 있다. 더불어 헤겔로 이어지는 독일관념론의 흐름을 파악하는 데도 도움이 된다.

G. W. F. 헤겔, 《역사 속의 이성》, 임석진 옮김(지식산업사, 1992)

이 책은 세계사에 관한 헤겔 자신의 철학적 입장을 일목요연하게 서술해놓은 저서이다.여기서 헤겔은 역사를 '근원적 역사', '반성적 역사', 그리고 '철학적 역사'로 구분하면서, 어떻게 구체적인 역사 속에서 세계정신이 실현되어나가는지를 비교적 쉬운 문체로 서술하고 있다. 철학과 역사의 관계를 다룬 본문의 전반부를 이해하는 데 도움을 준다.

G. W. F. 헤겔, 《역사철학강의》, 김종호 옮김(삼성출판사, 1993)

이 책에서 헤겔은 정신의 세 가지 형태인 주관정신, 객관정신, 그리고 절대정신이 어떻게 개인과 민족정신, 세계정신과 상호 관계를 맺으며, 특히 절대정신과 세계정신은 어떤 관계에 있는지를 밝히고 있다.《역사 속의 이성》에서 다루어지지 않은 보다 구체적이고 포괄적인 세계사를 다루고 있으므로, 헤겔의 역사철학을 이해하기 위해서는 반드시 읽어야 할 저서이다.

G. W. F. 헤겔, 《자연법》, 김준수 옮김(한길사, 2004)

예나 초기에 헤겔이 《비판적 철학잡지》에 게재한 글로서, 본래 제목은 '자연법의 학적 취급 방식들, 실천철학에서 자연법의 지위와 실증법학과의 관계에 대하여'이다. 그런데 이 글은 법철학의 관점에서만 중요한 것이 아니라, 헤겔의 철학 체계 구상과 관련해서도 중요하다. 특히 이 글에서 헤겔은 전체 철학 체계를 '절대적 인륜성의 체계'로 구상하고 있는데, 후기 체계와의 연관 속에서 헤겔의 이론 체계에 내재해 있는 실천적 문제의식을 알기 위해서 읽을 필요가 있다.

G. W. F. 헤겔, 《철학강요》, 서동익 옮김(을유문화사, 1998)

본문에서 '엔치클로페디'라고 명명된 헤겔의 저작이다. 이 역서는 1830년 판을 번역한 것으로, 새 번역판이 나오길 고대하고 있지만, 아직까지 새 완역본이 나오지 않아 아쉬운 감이 있다. 번역의 한계는 있으나, 본문 후반부에서 논의된 헤겔의 철학 체계를 이해하기 위해 반드시 읽어야 할 주저이다. 그러나 헤겔의 다른 저서들에 비해 그 서술이 간략하기에, 내용을 바르게 이해하기 위해서는 헤겔의 다른 저작들과 비교하며 정독해야 한다. 정신철학 부분만 다음의 새 번역판을 참조하길 바란다. 《정신철학》, 박병기·박구용 옮김(울산대학교출판부, 2000).

G. W. F. 헤겔, 《철학사 I》, 임석진 옮김(지식산업사, 1996)

헤겔의 《철학사 강의》 중 소크라테스까지에 해당되는 부분만을 번역한 책이다. 이 책 서두에 '하이델베르크 교수취임 연설문'이 포함되어 있으니, 본문과 비교하여 읽어보길 바란다. 그리고 특히 이 저서의 '총론' 부분에 서술되고 있는 철학과 철학사에 대한 헤겔의 논의는, 헤겔이 철학의 역사를 철학과 동일시하고 있다는 점에서 매우 중요하다.

2. 헤겔에 대한 입문적 연구서

게오르크 루카치, 《청년 헤겔》(전 2권), 김재기·서유석·이춘길 옮김(동녘, 1986)

베른 시기부터 《정신현상학》까지 헤겔의 사상을 마르크시즘적 시각에서 소개하고 있는 루카치의 대표작이다. 비록 편향된 시각에서 헤겔 철학을 바라보고 있기는 하지만, 특히 청년기 헤겔 연구사에서는 빼놓을 수 없는 명저이다. 헤겔 철학에 내재하고 있는 '혁명성'을 시기별로 잘 드러내주고 있다.

게오르크 비더만, 《헤겔》, 강대석 옮김(서광사, 1999)

헤겔의 생애와 사상 전반을 사진과 함께 소개하는 입문서다. 시기별로 구분하여 헤겔에 관련된 여러 가지 사건들과 일상사도 더불어 소개하고 있어 초보자가 읽기에 적당하다. 헤겔의 이론 자체에 대한 이해보다는, 헤겔이라는 인물을 중심으로 주변 상황들과 비교하며 헤겔 철학을 접해보려는 초보자들에게 적극 추천하고 싶은 책이다.

리하르트 크로너, 《헤겔》, 유헌식 옮김(청아, 1990)

독일의 철학자 리하르트 크로너의 《칸트에서 헤겔까지》라는 주저 중 헤겔 부분만을 옮긴 책이다. 이 주저를 통해 크로너는 '독일 신헤겔주의'의 선두주자로 평가받으면서 자신의 스승이자 신칸트주의자인 리케르트Heinrich Rickert와 철학적인 입장 차이를 분명하게 드러낸다. 헤겔 이전의 칸트와 피히테, 셸링의 입장이 어떻게 헤겔의 철학 체계로 흡수 발전되는지를 명쾌하게 보여주는 책이다.

임홍빈, 《근대적 이성과 헤겔 철학》(고려대학교출판부, 1996)

헤겔에 관한 논문 11편을 묶은 책으로, 어느 한 시각으로 고정될 수 없는 헤겔 철학의 방법론에 대해 자세하게 서술해놓은 책이다. 특히 헤겔의 회의주의적이며 원환적인 방법론에 대한 부분은 헤겔 철학의 논리성을 이해하는 데 많은 도움을 준다.

요아힘 리터, 《헤겔과 프랑스 혁명》, 김재현 옮김(한울, 1994)

헤겔 철학의 전개 과정에서 프랑스 혁명이 미친 영향을 체계적으로 서술해놓은 책이다. 리터는 프랑스 혁명을 중심으로 역사의 연속과 단절의 문제를 변증법적 입장에서 통찰하고 있는 것이 헤겔 철학이라고 판단하고, 불명확한 헤겔의 이론이 프랑스 혁명과의 내적 연관 속에서 세

밀히 추적되고 연구될 수 있음을 보여주고 있다.

클라우스 뒤징, 《헤겔과 철학사》, 서정혁 옮김(동과서, 2003)

철학사에 등장하는 대표적인 철학자들인 플라톤, 아리스토텔레스, 신플라톤주의자, 스피노자, 그리고 칸트 등에 대한 헤겔 자신의 철학적 이해와 그에 대한 평가를 비교적 객관적으로 서술한 책이다. 헤겔의 저서에 등장하는 주요 철학자와 더불어 헤겔이 씨름한 문제가 무엇이었는지, 그리고 그에 대한 헤겔 나름대로의 해답은 무엇이었는지를 일목요연하게 알 수 있게 해주는 책이다.

피터 싱어, 《헤겔》, 연효숙 옮김(시공사, 2000)

방대한 헤겔 사상을 비교적 적은 분량으로 압축해 설명해주는 입문서이다. 주로 윤리학 분야에서 많은 연구 성과를 내놓은 저자의 경력으로 볼 때, 헤겔 철학의 깊이보다는 전체 윤곽을 잡는 데 도움을 주는 책이다.

헤르베르트 마르쿠제, 《이성과 혁명―헤겔 철학의 기초》, 김현일·윤길순 옮김(중원문화, 1989)

1960년대 후반 학생 운동의 사상적 지주이기도 했던 마르쿠제가 헤겔 철학에 내재하고 있는 '부정'이라는 변증법적 동력에 초점을 맞추어 저술한 책이다. 1부는 헤겔 철학 전반에 대한 소개로 구성되어 있고, 2부는 헤겔 이후의 사회이론과 철학에 대한 소개로 구성되어 있다.

이외에도 한국헤겔학회에서 정기적으로 간행하는 《헤겔 연구》에 실려 있는 논문들은 헤겔 철학을 좀 더 깊이 이해하는 데 큰 도움을 준다.

서정혁 seocrates@hanmail.net

부산에서 2남 3녀 중 막내로 태어나 고등학교까지 부산에서 학업을 마쳤다. '6·10항쟁'의 여파가 채 가시지 않은 1988년 봄, '올림픽' 준비가 한창이던 서울로 상경해 현재까지 살고 있다. 지금은 숙명여자대학교 기초교양학부 교수로 재직하면서 철학뿐만 아니라 인문교양 교육에도 관심을 갖고 '글쓰기', '토론' 등과 관련된 과목을 가르치고 있다.

지은 책으로 《헤겔의 미학과 예술론》, 《헤겔의 역사 철학과 세계 문학》, 《공정하다는 착각의 이유, 원래는 능력의 폭정: 마이클 샌델의 〈공정하다는 착각〉 해설서》, 《듀이와 헤겔의 정신철학》, 《논증》, 《철학의 벼리》, 《논술 교육, 읽기가 열쇠다》, 《논증과 글쓰기》(공저) 등이 있고, 옮긴 책으로는 헤겔의 《법철학(베를린, 1821년)》·《미학 강의(베를린 1820/21년)》·《세계사의 철학》, 피히테의 《학자의 사명에 관한 몇 차례의 강의》·《학자의 본질에 관한 열 차례의 강의》 등 다수가 있다. 또한 헤겔 철학을 비롯한 독일관념론과 교양교육, 의사소통교육에 관한 다수의 논문이 있다. 당분간 헤겔 철학 가운데 '법철학', '역사철학', '미학'에 대한 연구와 '인문교양'에 관한 연구 및 강의에 집중할 예정이다.

교수취임 연설문

초판 1쇄 발행 2004년 9월 30일
개정 1판 1쇄 발행 2023년 3월 17일
개정 1판 2쇄 발행 2023년 4월 5일

지은이 G. W. F. 헤겔
옮긴이 서정혁

펴낸이 김현태
펴낸곳 책세상
등록 1975년 5월 21일 제2017-000226호
주소 서울시 마포구 잔다리로 62-1, 3층(04031)
전화 02-704-1251(영업) 02-3273-1333(편집)
팩스 02-719-1258
이메일 editor@chaeksesang.com
광고·제휴 문의 chaeksesang@naver.com
홈페이지 chaeksesang.com
페이스북 /chaeksesang **트위터** @chaeksesang
인스타그램 @chaeksesang **네이버포스트** bkworldpub

ISBN 979-11-5931-903-7 04080
          979-11-5931-221-2 (세트)